平凡社新書
917

韓国 内なる分断

葛藤する政治、疲弊する国民

池畑修平
IKEHATA SHŪHEI

HEIBONSHA

韓国　内なる分断●目次

憎い人が死ぬのを確認して、自らは最期まで病にかからず楽に過ごし、安らかに息を引き取る者が勝者だ。大統領に何ができるというのか。すべて泡のようなものだ。

金《キム》鍾《ジョン》泌《ピル》元韓国首相

はじめに

ユニバーサル・スタジオが手がけたテーマパークをはじめ、様々な観光施設が集中的に整備され、リゾート地として日本人も多く訪れるシンガポールのセントーサ島。その島にある高級ホテルの一つ、「カペラホテル」の吹き抜けの通路に、米国の国旗「星条旗」が六本、そして、北朝鮮（朝鮮民主主義人民共和国）の国旗「共和国旗」も六本、交互に立てかけられた。

米国のドナルド・トランプ大統領と北朝鮮の金正恩《キムジョンウン》朝鮮労働党委員長が初めて対面する舞台として選ばれたのが、この通路であった。

二〇一八年六月一二日、両者は、それぞれ通路の反対側から歩み寄り、一二本の国旗の真ん中あたりで、やや硬い笑顔を浮かべながら握手をした。史上初の米朝首脳会談の始まりであった。

両首脳が署名した共同声明には、焦眉《しょうび》の急である北朝鮮の核開発問題に関して、「金委員長は朝鮮半島の完全非核化への確固で揺るぎのない約束を再確認した」と記された。

「約束」とは、米朝間のものではない。同年四月二七日に朝鮮半島を分断する軍事境界線にある板門店《パンムンジョム》で開かれた南北首脳会談において、金委員長と韓国（大韓民国）の文在寅《ムンジェイン》大統領が署名した「板門店宣言」を指す。この中で、「南北は完全な非核化を通じ、核のない朝鮮半島を実現するという共同の目標を確認した」と謳われたのだ。

一方、北朝鮮が核を放棄する上では必須だと主張し続ける米国からの体制保証に関して、シンガポールでの共同声明で、「トランプ大統領は北朝鮮に安全の保証を与えることを約束」と記された。

本来は自動車のＦ１レースを観戦するための大型ホールに設けられたプレスセンターの一角で、私は、南北と米朝、二つの首脳会談の声明が持つ意味合いを説明する放送用原稿の執筆を急いでいた。

ふと、ある体験が脳裏をよぎった。

それは、前年、二〇一七年の秋、駐在するソウルに東京出張から戻った晩だった。金浦《キンポ》空港の入国管理カウンターで、五〇代半ばとおぼしき男性の入管職員が、私が差し出したパスポートに、入国スタンプを押そうとしないのだ。取材ビザが貼られたページに目を落としたあと、彼は低い声で呟いた。

「戦争が、おそらく起きますよ」

私の戸惑いを気にする様子もなく、言葉を続ける。

「あなたは記者でしょう。戦争が勃発するのを、恐れてはいないのですか」

咄嗟《とっさ》に返答できなかった。

まず頭に浮かんだのは、彼が、朝鮮半島有事、すなわち米朝間の軍事衝突の可能性を日本メディアが興味本位で煽《あお》っていると非難したいのだろうか、という考えであった。この頃、民放のワイドショーを筆頭に、日本のメディアは、例えば、「ソウルでガスマスクが爆発的に売れている」など、事実をだいぶ誇張した伝え方をしていたからだ。

だが、彼は、こちらを咎《とが》める風にも見えない。他意はないようだ。戦争が勃発する可能性を、日本の記者がどう考えているのかを知りたくて私を止めたのだ。

後続の人たちからの視線を感じ始め、早く何か話さねば、と気が急いた。

軍事力を比較すれば、米朝では勝負にならない。一九九五年、元米軍統合参謀本部議長のコリン・パウエル国務長官は、北朝鮮が米国を弾道ミサイルで攻撃した場合の結末を問われると、事もなげに、「翌日には、北朝鮮を練炭にする」と述べた。

圧倒的な軍事力の差があるゆえに、朝鮮戦争が一九五三年からずっと停戦状態のままで、正式には終わっていないことや、北朝鮮が核やミサイルの実験を重ねても、一般の韓国の人々は、さして心配しない。関心が低いと言ってもいい。ソウルに駐在していると、日本メディアが騒ぎすぎなのだろうか、と自問したりもした。

だが、入管職員の男性は、手持ち無沙汰かのように私のパスポートをパラパラと捲《めく》りながら、回答を待っている。自分の現状認識がやや甘かったことを気づかされた。北朝鮮の挑発に慣れきったはずの韓国人たちのあいだでさえ、内心、「今度ばかりは危険かもしれない」と有事への怖れが広がっていたのだ。

この年、北朝鮮は、核弾頭を搭載できるとする長距離弾道ミサイルを次々に発射して米国を威嚇し続け、九月に行った核実験は「水爆だった」と主張した。確かに、観測された爆発の規模は過去の実験をはるかに凌駕した。

業を煮やしたトランプは、国連総会での演説で、北朝鮮の「完全な破壊」にまで言及してみせた。

対する金正恩も、「我が共和国の絶滅を企図する米国の執権者の妄言に対する代価を必ず払わせる。米国の老いぼれ狂人を、必ず、必ず、火で制するであろう」と威嚇した。

二人の予測不能な最高指導者たちが、世界を不安に陥れていた。

何か答えなければパスポートは受け取れそうにない。私は、「過去にも米朝間では危機があったものの、外交で戦争は回避されたではありませんか」と述べた。そして、「現在の状況に関して、我々メディアがやや過剰に報じている側面は否定できません。深刻には心配していませんよ」と話をまとめた。

彼は、私が自信に満ちて持論を展開したわけではないと見透かしていたが、無言でパスポートを返した。

金浦空港での出来事を振り返ったあと、放送時間が迫っている、と我に返り、原稿執筆に集中しようとした。

シンガポールでの米朝首脳会談は、具体性が乏しい共同声明ゆえに、総じて評価は芳しくない。それでも、緊張がジワリと高まり続けた二〇一七年に、年が明ければ米朝の最高指導者が握手をすることになるなどとは誰も想像できなかった。それが現実になったことの意義は小さくない。

朝鮮半島の急激な展開の立役者たちは、誰、そして何であったのか。

当然、トランプ、金正恩、そして米朝を仲介した文在寅という指導者たちの名前が挙げられるだろう。

核開発の代償として国連安全保障理事会が北朝鮮に科した制裁が一定の効果を挙げたという点も重要だ。それは、経済を再建して外国から大勢の観光客が訪れるような「普通の国」を目指す金正恩の思惑と、対の関係とも言える。

一方、ソウルに駐在して朴槿恵《パククネ》大統領のスキャンダルが韓国を前代未聞の混乱に陥れた一部始終を取材することとなった者としては、別の考えも持つようになった。国際情勢と同じくらい、あるいはそれ以上に、韓国の「内なる分断」が朝鮮半島全体を激しく動かしたのだと。

その分断は、しばしば、「南南葛藤」と呼ばれる。韓国国内での、保守派と進歩派の苛烈な潰し合いだ。

金正恩が、まずは韓国と、続いて米国と、首脳間の対話、そして非核化の表明へと踏み出せたのも、韓国で保守派の朴政権から北朝鮮に融和的な進歩派の文政権に交代したことが、極めて大きかった。韓国の内なる分断は、こと北朝鮮の非核化に関しては、大いに貢献した。

文政権と与党は、この政権交代までの過程を「ロウソク革命」と呼ぶ。朴を退陣に追い込んだ真冬の大規模な抗議集会で参加者たちがロウソクを模したライトを手にしていたことに由来する。北朝鮮の非核化、そして朝鮮半島の恒久的な平和体制に向けた動きも、この「ロウソク革命」の賜《たまもの》だと誇る。

だが、革命は起きていない。

強大な力を持つ「帝王的大統領」の座を進歩派が奪還したことで、多くの肯定的な変化が生まれたのは事実だが、その裏で、再び多くの怨嗟も生まれている。

近現代の韓国では、進歩派だけでなく、保守派も、革命を掲げて自分たちの価値観や理想で韓国を一色に染めようとしてきた。そして、染めきれなかった。かつての革命の試みでは、数多の命が奪われた。

韓国における保守派・進歩派の双方による見果てぬ革命の深淵には何が横たわるのか。

序章

文在寅は「反日」なのか

ソウル市内で開かれた「三・一独立運動」100年の政府式典に参加する文在寅大統領。2019年3月1日（共同）

「国交正常化以降では最悪」の日韓関係

「尊敬する国民の皆様。親日残滓《ざんし》の清算は、あまりに遅れた宿題だ。誤った過去を省察するとき、我々は共に未来に向かっていくことができる」。

二〇一九年三月一日、ソウル中心部にある光化門広場で開かれた「三・一独立運動」の一〇〇周年を記念する式典で、韓国の伝統衣装をまとった文在寅大統領は、演説を始めてほどなく、「親日残滓の清算」を強調した。

これまでの文在寅の言動からすれば、日本の植民地支配からの独立を求めた運動の一〇〇周年という重大な節目に、彼が、当時の日本統治に協力した「親日派」を糾弾しないはずもなかった。それでも、朝鮮半島が日本から解放されてすでに七〇年以上の年月が流れても、今なお、「親日残滓」という言葉が大韓民国大統領から発せられることに、ザラリとした違和感を覚えた。

さらに、文在寅が再びその概念に言及したくだりで、違和感は強まった。

「今になって過去の傷口を掻き分けて分裂を引き起こしたり隣国との外交で葛藤の要因をつくったりしようというのではない。親日残滓の清算も、外交も、未来志向で行われなければならない」。

今、日本と韓国の関係は、政治的には、「国交正常化以降では最悪」とも呼ばれる有様だ。慰安婦問題での日韓合意の骨抜き、徴用工訴訟の大法院（最高裁）判決とそれを受けた日本企業の資産差し押さえ、海上自衛隊の哨戒機に対するレーダー照射問題とそれに対抗する形での韓国軍による哨戒機の低空飛行という主張、そして、韓国国会の文喜相《ムンヒサン》議長による天皇謝罪要求発言……。

文大統領が日本との外交を未来志向で進めたいと改めて表明しても、流れを変える効果は限定的であろうと感じた。

保守派一掃のメッセージ

ただ、日本では、文在寅をめぐる誤解が広がってきた観がある。いわく、文在寅は「反日」であり、意図的に日本との関係を損ねようとして攻勢に出ている、と。「親日残滓の清算」などと言われてしまっては、ますます、そういうレッテルが定着するかもしれない。

実態は異なる。

文政権になって日韓関係が政治面では坂から転がり落ちるように悪化したのは、結果的にそうなっただけだ。文在寅の言う「未来志向」は、大半の日本人から懐疑的に受け止められても、彼の言葉が偽りというわけではない。

2017年の大統領選で文在寅陣営が使用したポスター

文在寅は、以前から「親日」という言葉を用いるのを躊躇《ためら》ってこなかった政治家だが、それは国内の政敵らを叩く文脈に限られる。

例えば、二〇一六年末、釜山の日本総領事館前に進歩派の民間団体が慰安婦問題を象徴する少女像を違法に設置し、一度は地元の区役所が撤去した。その撤去を、文在寅は、「親日的な行為だ」と糾弾した。

あるいは、二〇一七年の大統領選挙で文陣営が打ち出したキャッチフレーズの一つ、「親日派既得権益層の清算」が、より分かりやすいかもしれない。「親日残滓の清算」のベースだ。

大統領選で思い出すのは、一枚の選挙ポスターが文陣営から送られてきたことだ。韓国の国旗「太極旗」をモチーフに、赤い丸の上に青いペンキを塗っている図柄。その下に書かれた文言は、「汚れた我々の歴史を波乱《パラン》（青色の『パラン』と発音がほぼ同じ）で生き返らせよう」。

日本人が見ると、日の丸を半分ほど青いペンキで塗りつぶして太極旗にしているようにしか見えない。陣営の幹部に私がこの点を指摘すると、「まあ、そう言われれば、そのようにも見えるかもしれませんね」と否定もしない。それでも、日本を刺激する趣旨のポスターではないと力説する。

青は文在寅が所属する進歩派の「共に民主党」のシンボルカラー、赤は保守派の自由韓国党（旧セヌリ党）のそれだ。ポスターの図柄が発信していたのは、「青（進歩派）で赤（保守派）を塗りつぶす」、つまり、保守派を一掃しよう、というメッセージなのだ。

さらに、汚れた歴史を波乱で生き返らせようという文言は、すなわち、保守政権下での社会や経済での行き詰まりを打ち破るような波乱を起こそう、という意味なのだ。

文在寅、そして彼が体現している進歩派が清算したがっているのは、現在の日本という国や日本人ではなく、同じ韓国人のうちの保守派なのだ。

「親日派既得権益層の清算」の真意をめぐっても、文陣営の幹部からは、「別に現在の日本を意識しているわけではありませんよ。なぜ日本国内で波紋を呼ぶのでしょうか」と逆に質問されてしまう始末であった。

韓国の既得権益層（という用語自体が進歩派の土俵に乗ったものなのだが）に、かつて日本の統治に協力し、解放後も、それまでの特権的な地位を利用して政治や経済の要職に就いた者が多いのは事実だ。そうした「親日派」の流れを汲む人士たちが、現在も不当なほど巨大な権力と富を維持し、格差拡大を招いている、と進歩派は主張する。

そして、韓国において「親日派」を忌み嫌う姿勢は、往々にして、北朝鮮（朝鮮民主主義人民共和国）への心情的な接近に通じる。なぜなら、北朝鮮は「国父」の金日成《キムイルソン》主席が満州で抗日パルチザン闘争に身を投じたことが、体制の正統性を主張する大きな根拠になっているためだ。大日本帝国にあえなく膝を屈した人々が樹立した南と違い、我が北の共和国は勇敢に戦った英雄の国だ、というわけだ。

実際には、韓国の初代大統領李承晩《イスンマン》は、竹島（韓国名「独島」）をめぐる領有権争いで、海上に「李承晩《りしょうばん》ライン」と呼ばれた境界線を一方的に引き、日本の海上保安庁の巡視船に銃撃を加えるなど、相当に強硬な姿勢をとった。「反日」の称号は、まさに李にふさわしい。

また、北朝鮮は日本との国交もない分、「潔さ」を持って現在の日本を歴史の問題等で日常的に国営メディアを通じて罵倒し、その対日強硬姿勢を南に対して誇示する。それに感化されて、南の進歩派も、「大韓民国の成り立ちは、本来は違ったものであるべきだったのに」という口惜しい思いを抱き続け、いきおい、日本に対する姿勢は保守派より厳しくなる。

深まる韓国社会の分断

話を独立運動一〇〇周年の演説に戻すと、文在寅が述べた「親日残滓の清算」も、つまりは、現代の韓国社会で不当に権力と富を持ち、不当に北朝鮮に厳しい姿勢をとると映る人々、すなわち保守派の人々を、徹底的に叩くことを意味する。現代の日本をどうこうしようというわけではないのだ。

この演説で、文在寅は、「韓半島（朝鮮半島）の平和のために日本との協力を強める」、「過去は変えられないが、未来は変えることができる。歴史を教訓に韓国と日本が手を取り合うとき、平和の時代が我々のそばに訪れるだろう」とだいぶ前向きなメッセージも盛り込んだ。日本を刺激するような文言は、「力を合わせて被害者の苦痛を実質的に治癒するとき、韓国と日本は心が通い合う真の友人になるだろう」くらいで、これも、慰安婦や徴用工だった人々に直接は触れなかった。

日本メディアは、おしなべて、文在寅が注目の演説で日本に対して直接の批判を避けたことを見出しに取り、一定の評価をした。

しかし、文在寅の演説における「親日派残滓の清算」への言及を自分なりに反芻すると、現在の日韓関係とのギャップもさることながら、より強い困惑を拭えないくだりがある。

今になって過去の傷口を掻き分けて分裂を引き起こしたいわけではない、との主張だ。弁明と評してもいいかもしれない。

なにしろ、文政権が発足してから韓国社会の分断は明らかに深まり続けている。そして、分断の大義名分には、間違いなく、文在寅と進歩派の「共に民主党」が大統領選の頃から打ち出している激烈なスローガンがあるのだ。

「積弊清算《せきへいせいさん》（チョクペチョンサン）」。

「積弊」とは、過去から積もり積もった不正や悪弊を指す。それを一掃して、国を立て直すという決意だ。

「積弊」の筆頭には、朴槿恵前大統領とその長年の親友だった崔順実《チエスンシル》らによる「国政壟断《ろうだん》」と呼ばれた一連のスキャンダルがある。朴と崔の癒着が明るみに出たとき、国民の間から、「こんな有様の国は、果たして国と言えるのか」という悲嘆が広がった。それを「共に民主党」は巧みに汲み取り、大統領選での公約集のタイトルを「国を国らしく」とした。

後述するように、朴と崔の関係が醸し出す怪しさに驚愕した有権者たちは、文在寅を大統領選で勝利させ、保守派から進歩派への政権交代が起きた。当初は韓国全体が清新な国へと変容するという高揚感に包まれたが、次第に、経済政策の拙速さと過去に遡っての飽くなき保守派叩きへの違和感から、文政権の支持率は下がり続け、保守派の人々の政権に対する憎しみが増大した。

そこで文在寅も保守派への歩み寄りへと舵《かじ》を切れば、分断の修復への望みが見えてくるのだが、「未来志向」とは裏腹に、文在寅は保守派を圧迫することに熱を上げ続けている。

保守派打倒の永続化

そもそも、「三・一独立運動」の一〇〇周年記念式典の演出からして、私には「またか」としか感じられなかった。

まず、文在寅政権が会場に選んだのは光化門広場であった。「三・一」での政府主催の記念式典は、いくつか例外はあるが、基本的には、毎年三月一日に光化門広場の横にある世宗《セジョン》文化会館の中で開かれてきた。光化門広場は、一九一九年当時の独立運動とさしたる縁はない。

縁があるのは、朴槿恵前大統領を退陣に追い込んだ大規模な抗議集会だ。

大統領府の副報道官も、なぜ今回の記念式典は光化門広場なのかについて、「国の主人が国民であることを証明した『主権在民』の象徴的な場所」と説明した。一〇〇年前の朝鮮半島で起きた重要な出来事よりも、現政権を誕生させた原動力とのつながりに重きを置

青瓦台と呼ばれる大統領府

いたことを、悪びれる様子もなかった。

実は、最終的には断念することになったのだが、文在寅は、選挙戦のときから、「自分は光化門大統領になる」とも宣言していた。

具体的には、大統領の執務室などを光化門広場に隣接する政府の合同庁舎に移転させることだ。

一方、その深みのある青い瓦から「青瓦台《せいがだい》（チョンワデ）」と呼ばれることの多い大統領府は、観光名所、憩いの場として、一般に公開するという。後方に山、前方に川があり、風水の観点からは格別の位置にある青瓦台は韓国大統領の権力の象徴だが、もはやそうした権力者の時代ではなく、国民と共に歩む大統領像を構築するためにも、まずは執務室から国民に近い場所に移そうというわけだ。

アメリカでいえば、ホワイトハウスを観光名所にして、大統領らはワシントンにあるオフィスビルで執務するということになる。

こうした「脱権威」は、韓国に限らず、現在、多くの国で期待されているリーダー像であろう。民主主義が成熟するにつれて、民意を十分に吸い上げて政策に反映させようということに異を唱える人は少ない。

とはいえ、青瓦台の機能を移す先を光化門にしようとしたことに、やるせなさも禁じ得なかった。すでに一部の中央官庁が移転している世宗市の巨大な政府庁舎という選択肢もあったはずだ。なのに、光化門にこだわった。

それは、世界を驚かせるほどの規模に膨れあがった「ロウソク集会」が保守派の朴政権を打倒したことを、この先ずっと反復的に国民に思い出させようという計算からだ。「保守派打倒の永続化」とでも言おうか。

大統領府がやってくるとなると、玉突きのように、合同庁舎に入っている外交部（省に相当）や統一部などの官庁の一部は世宗市など他の場所に移転しなければならなくなる。合同庁舎で勤務するある政府当局者が、「いかにして追い出されずに済むか、各部は作戦会議を練っていますよ」と苦笑いしたのを思い出す。

「三・一独立運動」一〇〇周年の記念式典の演出で、極めつきは、式典の看板などで、一〇〇周年だと示す一〇〇の数字の「一」が、ロウソクをかたどったものにされたことだ。もはや何をか言わんや、である。

韓国の進歩派は、朴が「ロウソク集会」によって大統領の座から引きずり降ろされ、獄中の身となった一連の政治の激動を、「ロウソク革命」と呼ぶ。日韓関係の悪化や北朝鮮をめぐる激動の深層は、この「革命」の経緯を振り返ることで見えてくる。

第一章

韓国の内なる闘い
——保守派・進歩派の「南南葛藤」

検察に逮捕されソウル拘置所に向かう朴槿恵前大統領。2017年３月31日（共同）

朴槿恵の逮捕

ソウル中央地方検察庁の地下駐車場から、黒い乗用車が地上に出てくる。二〇一七年三月三一日、午前四時二九分。検察職員に挟まれる形で後部座席の中央に座らされた前大統領・朴槿恵の顔が、カメラマンたちのフラッシュライトによって照らし出される。目は虚ろで、表情は青ざめていた。

少し前に、検察からの逮捕状請求を裁判所が妥当だと認めたことにより、朴は検察庁内で逮捕されていた。車は、彼女を収監するソウル拘置所へと向かった。

一九七〇年代から、朴のトレードマークは、上部にしっかりとボリュームを持たせた髪型だ。しかし、車内の朴は、髪が乱雑に垂れ下がっていた。「自殺に使われる恐れがある」という理由で、髪をまとめるためのヘアピンが、全て取り外されたためだ。

公共放送のＫＢＳ（韓国放送公社）など韓国の地上波放送局をはじめ、朴の失墜への引き金を引く調査報道を展開した新興放送局のＪＴＢＣやテレビ朝鮮などは、朴を乗せた車をオートバイで追いながら、ソウル拘置所に着くまでの道のりを生中継で伝え続けた。

道中、朴は、待ち受ける拘置所生活や裁判の行方に思いを巡らせただろうか。

あるいは、前日、逮捕状を巡る審査に向かう直前、疎遠になっていた妹・朴槿令《パククンリョン》や弟・

朴志晩《パクチマン》を自宅に迎え入れ、短時間ながら会話を交わしたことを考えると、車中では過去を振り返っていたのかもしれない。妹や弟、そして、父・朴正熙《パクチヨンヒ》大統領や母・陸英修《ユクヨンス》と一緒に、青瓦台で暮らした日々を。

それとも、崔順実らによる政府事業の利権漁り、いわゆる「国政壟断」の状況証拠が、JTBC等の報道によって暴露された前年一〇月以降、この日の逮捕を避けるために、打てる手が、もっとあったのではなかったか、と。

勝負に出た国会演説

朴槿恵が窮地を脱しようとしてどのような政治的駆け引きを試みたのか、二〇一六年一〇月二四日まで遡って振り返ってみたい。

この日、朴は、定期国会が開会するにあたり、青瓦台を出て国会議事堂に行き、与野党の議員たちに向けて施政演説を行った。

韓国の大統領は、青瓦台で暮らし、執務もこなす。韓国版のホワイトハウスといえる。実際、英語では、ホワイトハウスになぞらえて「ブルーハウス」と表記されることが一般的だ。

青瓦台は、険しい岩肌が目立つ北漢山《プツカン》のふもとにある。すぐ南には、ソウルで最大の宮殿として観光名所になっている景福宮《キョンボックン》が位置する。

現代でも韓国の人々の暮らしに深く根づいている「風水」は、語源が「蔵風得水《ぞうふうとくすい》（風をたくわえ、水を得る）」。青瓦台は、まさに、後ろに北漢山が聳《そび》え、少し離れた東西方向にも山があることから、「風をたくわえやすい」。そして、前方に清渓川《チョンゲチョン》が流れることから、「水を得やすい」。風水では理想的な立地なのだ。

青瓦台、すなわち大統領府の報道担当者が朴の国会演説を発表したのは、この日の朝であった。報道各社は、朴がどのような内容を話すのか、事前になんら情報を掴めていなかった。

議院内閣制で総理大臣が頻繁に国会で答弁をする日本とは違い、大統領制の韓国では、大統領が国会に出席して何か述べることは、そう多くない。このため、大統領が青瓦台を出てソウル市内を南下し、漢江《ハンガン》に浮かぶ汝矣島《ヨイド》にある国会議事堂に赴くこと自体が、ニュースとなる。

その国会の入り口では、保守派与党セヌリ党の議員や熱心な党員たちが出迎え、朴を励ますような笑顔を浮かべながら議場へと案内した。

その際、議場のすぐ手前で、進歩派の最大野党「共に民主党」の国会議員たちが手にした黄色いプラカードが、朴の視界に入った。

プラカードには、「出てこい崔順実」と書かれていた。

一部のメディアでは、この数日前から、崔順実という、ほとんどの国民にとってはどこの誰なのか見当もつかない女性が、朴と水面下で極めて密接な関係を持っているらしいと報じられていたのだ。しかも、大統領との特別な縁を利用して政府の事業を私物化していたのではないか、という。それでも、この時点では、崔はまだ隠れた存在で、朴との関係も実態は不明だった。だからこそ、野党議員のプラカードも、「出てこい」であった。

大統領の絶大な権威を秘かに利用して、自らも権力者かのごとく振る舞う。そうした「陰の実力者」を、韓国の人々は「秘線《ピソン》」と呼ぶ。朴の傍には秘線が存在するという噂は、以前から絶えなかった。とくに二〇一四年四月一六日、旅客船「セウォル号」が沈没して修学旅行中の高校生ら犠牲者・行方不明者が三〇四人にものぼった惨事の当日、約七時間にわたって朴の動静が判然としなかったのは、彼女が秘線と会っていたのが真相ではないか、という疑いが燻《くすぶ》っていた。

プラカードに一瞬だけ目を向けた朴は、穏やかな笑みを崩すことなく議場に入り、与野党の議員たちと握手をしながら登壇した。議場内で、朴が何を話そうとしているのかを知っていた者は、セヌリ党指導部の、ごく一部の議員のみであった。

朴は落ち着いた様子で演説を始めた。たちまち、与野党を問わず、ほとんどの議員の表情に驚きの色が浮かんだ。青瓦台や国会を担当する記者たちも、意表を突かれた。演説内容が、憲法改正に乗り出すという決意表明だったためだ。朴は、自らの任期内に憲法改正を実現することも念頭に置いて、改憲案を取りまとめるための組織を政府内に立ち上げる構想を、唐突に披露したのだ。

軽いどよめきが議場内で広がるのも意に介さず、朴の語り口は次第に熱を帯びた。そして、自らの構想を具体化させるため、与野党に対し、政府内に置く組織とは別に、国会にも、憲法改正特別委員会を設置するよう要請した。

「帝王的大統領」の力の源

韓国の憲法は、建国の年である一九四八年に制定され、以後、九度にわたって改正されている。九度目の改正は、民主化を達成した一九八七年のことだ。

軍事クーデターや民主化など、政治体制の大きな変革が歴史の区切りとみなされ、区切りと区切りの間の政治体制は、順番に沿って「第○共和国」と呼ばれる。一九八七年の民主化以降、現在までの韓国の政治体制は、「第六共和国」。

現行憲法は、「第六共和国憲法」とも呼ばれ、憲法改正が行われない期間は、最も長期化している。

しかし、最長不倒距離を更新し続けてきた「第六共和国憲法」も、もはや改正すべきだという認識は、かなり以前から、保守派・進歩派を問わず、韓国の政界では共有されていた。それは、憲法が定める大統領制に問題が多すぎるためだ。

朴槿恵も例外ではなかった。

二〇一六年一〇月二四日に国会で行った演説で、朴は、現在の大統領制が、果てしない権力闘争と社会の深い分断を招いてしまっていると嘆いた。

「大韓民国では、大統領選挙が終了したその翌日から、次の選挙を睨《にら》んだ権力闘争が始まる」と。

正鵠《せいこく》を射ていた。韓国を深く分断する保守派と進歩派、双方とも、革命を目指すかのように自分たち片方だけの考えで国を染めようと大統領選挙に挑む。さすがに選挙の翌日には、勝者も敗者も、「選挙は終わったのだから、互いに協力して国政を運営しよう」といったフレーズを決まって口にする。だが、次第に勝者は「勝てば官軍」とばかりに強権的に振る舞い、敗者は臥薪嘗胆《がしんしょうたん》で新政権への強烈な批判を始める。与野党間で暗闘ばかりが繰り広げられ、建設的な政策論議は乏しい。

韓国の大統領は、行政府を構成し、事業への予算配分や人事で強大な権限を持ち、法案に対する拒否権を持つ。そうした権限は、一般的に、議院内閣制の日本の総理大臣よりはもちろん、米国の大統領と比べても強いとされる。いつしか定着した別称は、「帝王的大統領」。

とりわけ、人事権が、現代の「帝王」の力の源だ。国務総理（首相）をはじめ、閣僚、検察総長、情報機関である国家情報院の院長、監査院長、国税庁長、警察庁長などに関して任命権を持つ。さらに、次官級、部長級、室長級など、各省庁の幹部官僚に対しても実質的な人事権があり、その対象は一六〇〇人以上とされる。

大統領のさじ加減で決まる人事は、そうした公職者たちにとどまらない。官僚の天下り先ともなる公企業や公団・公社などの準政府機関のトップも、大統領次第だ。さらに、そうした準政府機関のトップに就く人物は、自分に近い人物を補佐的なポストに据えるので、そうした補佐たちも、大統領が間接的に決める結果となる。

直接・間接を含めて、韓国全体で、いったいどれだけのポストが大統領によって決まるのか。青瓦台の元高官は、私に、「ざっと九九〇〇」と断言した。

さすがに一人の大統領が一万人近い人物の経歴や能力を詳しく把握しているはずもない。高級官僚や公企業のトップらの経歴や思想信条は、主に青瓦台の側近たちが、いったん、人事案を取りまとめて大統領に具申する。そして、最終的には大統領が決済する。

さらに、新大統領誕生で交代するポストは、先述の九九〇〇人にとどまらない。大統領が人事権を持たない民間企業においても、新大統領に対する忖度《そんたく》、より露骨に表現すれば忠誠心を示すべく、率先してトップや幹部を入れ替える事例が珍しくないためだ。

一九九七年に金大中《キムデジュン》が当選し、初めて南西部の全羅道（進歩派が圧倒的に強い）出身の大統領が誕生したときが劇的だった、と多くの韓国人は述懐する。長年にわたって韓国の政治や経済を牛耳ってきた保守の牙城、南東部の慶尚道出身の社長や幹部たちが次々と身を引き、全羅道出身者たちが大躍進を遂げたのだ。

このように、新しい大統領が誕生すると、とりわけ保守派と進歩派の間で政権交代が起きると、韓国社会全体において、人事の一大シャッフルが繰り広げられる。

ちなみに、新大統領次第で人事が激変するのはメディアも例外ではない。公共放送であるKBSの社長が政権交代をきっかけに任期途中で辞任に追い込まれたことも、しばしばだ。時の大統領が誰になるかによって公共放送のトップがころころ代わるようでは、政治的な中立性が保てないではないかという指摘は、当然ながら、出てはいる。

しかし、韓国社会全体はもちろん、当のKBS内部でも、政権交代が公共放送を含めてメディアのトップ交代につながることに、さして疑問を感じない人のほうが多い。

このように、直接、間接、そして企業側の忖度を含めて、韓国大統領は強大な人事権限を有する。結果、政治家たちはもちろん、官僚も、企業人も、記者も、新たな「帝王」に

文在寅政権への交代を機にKBS社長の交代を要求するデモ

取り立てられた人たちは絶対的な忠誠心を示す。逆に、新大統領によってポストを奪われた人たちは、怨嗟を募らせる。

「大統領選挙の翌日から次の選挙を睨んだ権力闘争が始まる」最大の原因は、大統領によって激変する人事だ。

帝王の儚さ

一方で、憲法に基づく大統領制の問題は、広範な人事権を源とした「強さ」だけではない。その「儚さ」もまた、大きな弊害となってきた。

一九八七年の民主化によって誕生した「第六共和国憲法」は、大統領の再選を禁じた。現在の大統領は、一期五年間限り。

これは、民主化以前の大統領、とりわけ

初代の李承晩と、一九六一年の軍事クーデターで権力を奪取した朴正熙が、再選を重ねて事実上の終身大統領を目指したのを許した反省からである。もともと強権的だった両者の統治手法は、再選を続けてさらに独裁的な色彩を強めた。

ところが、再選を禁じて長期独裁の再来を防いだのはよかったものの、それはそれで、構造的な問題を孕んでいることが明白になった。

レイムダック化、すなわち、大統領の極端な求心力低下である。

どの大統領も、当初は絶大な権勢を誇るが、五年間の任期の折り返し点を過ぎ、三年目の後半あたりから、みるみる求心力が落ちていく。そして、最後の一年目ともなると、政治的な指導力をまるで発揮できなくなり、国政は停滞してしまうのだ。

いったんレイムダック化が始まると、その大統領から任命された閣僚や官僚たちはもちろん、大統領への忠誠心を示そうと率先して社長や幹部を交代させた民間企業までもが、潮が引くように現大統領とは距離を置き、次の有力な大統領候補の考え方を慮るようになる。

とりわけ、保守派から進歩派、もしくは逆方向に政権交代が起きそうな場合、社会全体で、露骨なまでに次期大統領候補の路線を先取りするような言動が繰り広げられる。前回の選挙の結果、失意のうちに下野した人たちにとっては、再び檜舞台に上がるチャンス到来だし、現大統領に当初は忠誠心を示した人たちからすると、泥船から逃げるような心境だ。

「帝王」の絶大な権限は、案外と儚いのだ。任期は五年間ではあるが、実質的には四年弱といったところだ。

そして、大統領選挙の結果、勝者と敗者が入れ替わるたびに、社会全般で怨嗟が拡大再生産されてしまってきた。

深刻な「南南葛藤」

朴槿恵は、「帝王的大統領」の強さと儚さの双方に起因する、果てしなき権力闘争の有様を、演説で「南南葛藤」と評した。日本語において、「葛藤」とは、個人の内面における苦悩という文脈で使われることが多いが、韓国語では、たいてい、他者との対立や摩擦を指す。例えば、テレビのニュースでは、「歴史認識をめぐって日本との葛藤が深まっている」といった言い回しをよく聞く。

「南南葛藤」の「南」は、南北に分断された朝鮮半島における南側、すなわち韓国だ。通常、朝鮮半島の問題において「南」が使われると、対《つい》として続くのは「北」、つまり北朝鮮だ。韓国では「北韓《ブッカン》」と呼ぶ。

「南北」ではなく、あえて「南南」という外国人には耳慣れない枠組みを使うのは、それだけ韓国では「身内」どうしの争いが深刻だと強調するためだ。もしかすると南北間の対立より韓国内の分断状態が深刻ではないか、と警鐘を鳴らす効果がある。

改めて説明するまでもないが、日本の植民地支配から一九四五年に解放された朝鮮半島は、その後、現在まで南と北とに分断されたままだ。南北間ではイデオロギーや政治体制が大きく異なる。

両国民が使う言葉さえも、同じではあるものの、抑揚や単語などにおける異質さがかなり目立つ。例えば、半島の代表的な姓である「李」も、韓国では発音が「イ」だが、北では「リ」といった具合だ。ただし、韓国でも「李」の英語表記は、「Lee」が一般的で、本来は「リ」という発音だったのが、韓国では柔らかくなって「イ」に変化したことを示している。韓国語を学んでいない方も、韓国のテレビドラマと北朝鮮国営テレビのアナウンサーとでは、語感がだいぶ違うことは、すぐに気づかれることと思う。

一九四八年に、まず南で大韓民国が、続いて北で朝鮮民主主義人民共和国の建国がそれぞれ宣言される。

そして、一九五〇年六月二五日に北朝鮮の南侵によって勃発した朝鮮戦争は、一九五三年に板門店で休戦協定が締結されたきりで、正式には終戦を迎えていない。

南北は今も軍事境界線を挟んで睨みあっている。韓国は米国の「核の傘」の下にあり、かつ、国内には二万八〇〇〇人規模の米軍が駐留している。

北朝鮮の方は、通常戦力では米韓連合軍に太刀打ちできないと理解している。そこで、たびたびゲリラ的な奇襲攻撃やテロ行為を仕掛け、並行して、体制を守る切り札だと信じて核兵器の開発に邁進してきた。

そのような南と北の間で葛藤があるのは自明の理で、韓国にとっては、「南南葛藤」の方が深刻な問題ではないかという焦燥感が多くの国民に共有されている。

多岐にわたる対立軸

「南南葛藤」のフレームは、多岐にわたる。

最も可視的なのは、労使の対立だ。季節にあまり関係なく、ソウルのオフィス街を歩けば、いたるところで、労働組合員が企業に対する抗議の泊まりこみを続けるためのテントを目にする。韓国の労組は、日本の労組に比べてはるかに活動が活発、率直にいえば過激で、集会やストを頻発させる。組合員たちは揃いの鉢巻(たいていは赤地に白い文字で闘争スローガンが記されている)を締めて路上に座りこむ。そして、大音量で抗議の歌を流し、拳を振りながら待遇の改善を要求し、あるいは経営陣がいかに不実かを糾弾する。

ＮＨＫソウル支局が位置する汝矣島は、国会があるので政治家にアピールしやすいこともあり、そうした抗議集会が特に多い。窓を閉めていても、しょっちゅう、組合員たちの咆哮《ほうこう》や勇ましい歌が聞こえてくる。

韓国の基幹産業の一つである自動車業界では、あまりに労組が強く、賃金の上昇が企業経営を圧迫しているのが実態だ。他の業界からは「自動車労組は貴族労組」とまで揶揄《やゆ》されるが、強気の姿勢は変わらない。

企業単位を超えた全国的な労組組織としては、「民主労総（全国民主労働組合総連盟）」と、「韓国労総（韓国労働組合総連盟）」があり、このうち、民主労総は世界的にみても最も戦闘的な労組の部類に入るという評価が定着している。

労使間の葛藤ほど見えやすくはないが、財閥の創業家など一部の超富裕層と大多数の庶民との葛藤をはじめ、世代間、地域間といった対立も根強い。

外国との間では、言わずもがな、日本との歴史認識をめぐる葛藤が最も頻繁に起きるが、時の国際情勢によっては、「対米葛藤」や「対中葛藤」もニュースの見出しを飾る。

このように、現代の韓国における葛藤のフレームは様々だが、いずれも、その底流にある対立軸は、一つに収斂される。

保守派か、進歩派か。

大きく括ると、企業経営陣、高齢者層、「嶺南《ヨンナム》」と呼ばれる南東部の慶尚道地方は、保守。これに対し、労組、若者層、「湖南《ホナム》」と呼ばれる南西部の全羅道地方は、進歩。

これは、例えば、米国における保守派と進歩派（リベラル）の対立と似ている部分はある。米国の場合、保守の共和党は伝統的に「小さな政府」を掲げて民間企業の自由な裁量を重視し、社会保障も個人の自由な選択が尊重される制度が優れていると考える。

これに対して、リベラルな考え方の国民や労組の受け皿となってきた民主党は、「大きな政府」を指向し、弱者やマイノリティの人々を念頭に置いた社会のセーフティネット構築に熱心だ。

最近の事例でいえば、民主党のオバマ政権が医療保険制度改革、いわゆる「オバマケア」の成立に力を尽くしたのに対し、共和党のトランプ大統領は「オバマケアなぞ最悪だ」と一刀両断に否定し、その破棄に執念を燃やす。

韓国でも、保守派政権は市場経済の原理と自由を信奉する。これに対し、進歩派政権は「大きな政府」を指向し、経済も企業に任せるのではなく、政府が指揮すべしという発想が目立つ。

しかし、米国との類似点はあるものの、決定的な違いは、北朝鮮の存在だ。韓国で保守派と進歩派を端的に分けるのは、北朝鮮とどう向き合うかだ。おのずと、安全保障に関して、米韓では保守派と進歩派の立ち位置がだいぶ違う。

米国では、各論での違いはあるにせよ、「米国が軍事・経済両面の超大国として世界を安定させることが自らの安全保障に直結する」という原則においては共和党も民主党も変わらない。トランプ政権は、「世界の警察官としての役割は終わった」とは主張するものの、核兵器の性能向上をはかることで中国やロシアに対する軍事的な優位性を保とうという姿勢を隠そうとはしない。

韓国の場合、安保でこそ、保守派と進歩派は決定的にスタンスが異なる。北朝鮮に関して、保守派が「敵対する事実上の国家」という視座で捉えるのに対し、進歩派は「同じ民族であり、統一を果たすべき同胞たち」という、民族主義を優先させる。

韓国の憲法上、朝鮮半島の唯一合法的な政府は大韓民国と定められている。保守派は、北を事実上の敵性国家とみなすため、必然的に、国連軍の主力として共に朝鮮戦争を戦った米国との同盟関係を重視し、脅威を力で封じ込めるべきとの考え方が支配的だ。

対照的に、進歩派は、在韓米軍を「統一を果たす上での障害」とみなしがち。北朝鮮とは同じ民族なのだから、対話を通じて挑発的な姿勢を和らげることを目指す。「話せば分かる」というわけだ。

初めての進歩派大統領となった金大中は、「太陽政策」を打ち出した。これは、イソップ童話の「北風と太陽」になぞらえて、旅人の外套を脱がせる（北朝鮮の軍事挑発をやめさせる）には、冷たい北風を吹きつける（圧力を加える）よりも、暖かい太陽の光をそそぐ（支援と交流を進める）ほうが効果的、という考え方だ。

この「太陽政策」に基づき、二〇〇〇年六月、南北が分断されてから初めての首脳会談が平壌で開催された。金大中は北朝鮮の金正日《キムジョンイル》（朝鮮労働党総書記）と抱擁し、朝鮮半島は一気に雪解けムードに包まれた。そして、北朝鮮領内の開城《ケソン》で南北が共同運営する工業団地の設立等が決まった。

二〇〇〇年当時、私はソウルで語学研修中だったが、南北首脳会談で支局は大忙しとなり、取材や原稿執筆などを手伝う機会に恵まれた。両首脳が笑顔で握手や抱擁をする光景に、多くの韓国人が感涙にむせび、南北統一への道が開かれたという高揚感が国全体を包んだ様子をよく覚えている。

この首脳会談のおかげで、金大中はノーベル平和賞を受賞することになる。

葛藤に終始する政界、疲弊する国民

金大中に続いた進歩派の盧武鉉《ノムヒョン》大統領も、「太陽政策」を引き継ぎ、北朝鮮には融和的な姿勢で向き合った。

二〇〇七年一〇月には二度目となる南北首脳会談が平壌で開かれ、南から北への大規模な経済支援策を盛り込んだ「一〇・四宣言」が署名された。

韓国の進歩派の人たちは、金大中、盧武鉉と一〇年間続いた融和的な対北朝鮮アプローチが、緊張を和らげ、統一に向けた足掛かりを築いたと胸を張る。

一方、保守派の人にその一〇年間について話を振れば、たいてい、「北韓に核やミサイルを開発する資金を垂れ流しただけだ」と手厳しい答えが返ってくる。

先述したように、韓国においても、社会や経済のあり方をめぐって米国などと共通する保守派と進歩派の位置取りの違いはみられる。経済であれば、保守派は財閥を中心とした大企業による経済牽引を期待し、減税や規制緩和を指向する。一方、進歩派は、弱者を救済するために富の再分配や福祉の充実に熱心だ。そうした普遍的な路線の違いだけなら、まだ両陣営は話し合いでどうにか折り合えることが可能なのだろうとも思う。

しかし、北朝鮮をどう見るかという、分断国家ゆえの特異な論点をめぐり、両陣営の乖離は決定的に大きい。このため、政界では、国民生活に関する議論が葛藤に埋没してしまいがちだ。

例えば、かつて進歩派の盧武鉉政権は米国とのＦＴＡ（自由貿易協定）を締結した。本来なら自由貿易推進を掲げる保守派がもろ手を挙げて歓迎してもおかしくない。なのに、国会において保守派野党は韓米FTAへの批判を延々と展開した。

こう書くと、韓国が極めて特殊のように思われるかもしれないが、東アジアを見渡せば、日本や台湾でも、経済や社会保障よりも、安全保障に関する問題が保守派と進歩派の陣営を分ける対立軸となってきた。

日本の場合、安保を確固たるものとするためにどこまでアメリカとの同盟関係を深めるか、どれほど軍事面での一体性を追求するかが、「五五年体制」の下での自民党と社会党の最大の論点であった。

台湾においては、中国との「距離」、究極的には独立を志向するのか、現状維持でよしとするのか、をめぐる路線の違いが、民進党と国民党とを決定的に分ける。

このように、韓国だけが特殊とは言えないのだが、韓国国民の大半は、「それにしても我が国は葛藤の度が過ぎる」と考えている。

二〇一六年六月に政府機関である国家報勲処と韓国政治学会が共同で実施した世論調査をみると、七二%の人が、「理念間の葛藤は深刻だ」と回答した。また、韓国社会における葛藤の「水準」が五年前に比べてどう変化したと思うかという質問では、「悪化した」との回答が三八%で、「和らいだ」の一九%の二倍であった。

こうした結果からは、北朝鮮をめぐって葛藤があるのは避けられないにせよ、貧富の格差、厳しい受験競争、就職難、不十分な社会保障制度など、もっと重要な課題が山積しているのに、という政治への不満が滲み出ている。

国会の機能不全

実際、国会で保守派と進歩派の非難合戦ばかりをみせられては、誰しも政治に辟易とする。

「植物国会」

二〇一六年、韓国メディアは国会の現状をそう揶揄した。その心は、「与野党の対立ばかりで法案が成立せず、動きの乏しきこと、まるで植物の如し」というものだ。

メディアの言い得て妙な批判を待つまでもなく、朴槿恵も法案の審議が遅々として進まないことに苛立ち、たびたび、「国会は怠慢だ」と声高に批判していた。

とりわけ朴にとって腹立たしかったのは、若者の就職難を少しでも解消しようと青瓦台と与党がまとめた、経済立て直しのための民生法案まで棚晒《たなざら》しにされたことだ。二〇一四年夏、進歩派の最大野党・新政治民主連合（現在の与党・「共に民主党」）は、民生法案を国会で通過させるには、旅客船セウォル号が沈没した事故の真相究明の調査を進めるための「セウォル号特別法案」もセットで可決させるのでなければ応じられない、という強引な戦術に打って出た。

民生法案は、規制緩和などが柱で、セウォル号の痛ましい事故とは関連がない。しかし、新政治民主連合は、「セウォル号特別法案こそ、最も重要な民生法案」という奇妙な主張を展開して、妥協を拒んだ。

これにはさすがに世論も呆れ、新政治民主連合の支持率急落を招いた。だが、同時に、民生法案の阻止は「朴政権は若者の就職難に無策」というイメージが定着する一因ともなった。後述するように、二〇一六年の総選挙における与党の惨敗は、若い世代が朴政権と与党を見放したことが決定打だとなる。

確かに、朴政権は「未来創造経済」というキャッチフレーズを打ち出したものの、具体的に何を指しているのか分からないという批判も強かった。ベンチャー企業の育成を後押しするために各地に設立した「創造経済革新センター」も、単なる「箱物行政」ではないかと疑問視された。

しかし、民生法案を国会で阻まれた過程を振り返ると、野党によるサボタージュによって「経済無策」というレッテルが定着した感は否めない。

民生法案が棚晒しになった過程でもう一つ露わになった問題は、現在の韓国国会の仕組みだ。このとき、国会では与党が多数を占めていたのだ。それなのに、法案を通せなかった。

少数の野党側にとって武器となったのは、一般的に「国会先進化法」と呼ばれる、国会法の改正だ。改正は二〇一二年五月になされ、「与野党間で意見の違いがある法案を本会議に上程する場合、在籍議員（定数は三〇〇）の五分の三以上が賛成しなければならない」とされた。

「国会先進化法」の狙いは、韓国国会の「成熟」を図ろうというものだった。

従来、時の与党から選出される国会議長が職権で法案を上程し、与党が十分な審議をすることなく多数の力で法案を採決しにかかり、それを阻止せんとする野党議員との間での派手な乱闘騒ぎが絶えなかった。

そうした悪習慣を断ち切り、「先進的」な立法の府を目指そう。与野党がじっくり議論して妥協点を見いだした上で法案を上程する仕組みにしよう、というわけだ。

ただ、「国会先進化法」の立派な題目の裏には、保守派の打算と失策があった。

李明博《イミョンバク》政権の末期、保守派与党のハンナラ党は、度重なるスキャンダルの影響で、近づく総選挙で敗北することを覚悟していた。そこで、国会で少数側に転落する事態に備えて、国会で法案が可決されるハードルを引き上げようと考えたのだ。それが、「五分の三以上」という基準になった。ここまでが打算である。

ところが、予想に反して、ハンナラ党は総選挙で国会の議席の過半数を確保したのだ。つまり、法案可決のハードルを引き上げる必要は、なくなった。

政界では、当然、ハンナラ党が「国会先進化法」の導入に関して何か適当な理屈をつけて見送るだろうという予想が広がった。

しかし、その総選挙でハンナラ党を勝利に導いた朴槿恵（当時は「非常対策委員長」）が、「これは国民と約束したことですから」と頑として譲らず、既定方針の通り、国会法の改正に踏み切ったのだ。これが、のちに大統領になった自らを苦しめることになるとは想像もしていなかった。

このときの彼女の判断について、議員らからは、「自分の大統領への道を一度は阻んだ李明博への意趣返しだった」という解説も聞いた。

ただ、個人的には、政治家として時には必要な老獪さをよしとせず、ただ単に、「国民との約束」という原則論にこだわっただけのように思う。のちに大統領に就任してから顕著に表れた朴の原則主義、悪く言えば周囲の忠言に耳を貸さない独善的な手法に通じる。

いずれにせよ、「国会先進化法」は導入された。この結果、元々、与野党が熟議をする文化が希薄な上に、ほぼ全ての法案に関して「五分の三以上」という高いハードルが新たに科せられた。「国会先進化法」は、与野党間の熟議を促すどころか、少数側の野党が政権・与党の足を引っ張る上での格好のカードになってしまった。

朴が二〇一六年一〇月に国会での演説で憲法改正を目指すと宣言をしたのは、第二〇代定期国会だった。その前の第一九代定期国会において、提出された法案のうち成立した法案の割合は、約四二％。これは、一九八七年の民主化以降では、最も低い割合だった。「国会先進化法」の弊害が大きくなっていたのは明らかで、メディアは、「国会後進化法」と呼ぶべきだ、と嘆いた。

北朝鮮を対立軸に保守派と進歩派が反目し合っている上に、こうした制度上の問題も重なり、国会は「植物化」した。

韓国の国会議事堂は、外側に八角形の柱が二四本ある。この数は、季節の「二十四節気」を象徴していると同時に、もう一つ、「国会議員たちは、一日二四時間、国民のことを考える」という意味も込められているそうだ。こうしたトリビアを、国会のガイドは、苦笑を交えながら紹介する。

前政権に対する徹底した否定

「第六共和国憲法」と、それに基づく「帝王的」大統領制のもう一つの大きな問題は、大統領の再選が禁止されているがゆえに、五年ごとに政策が全面的にリセットされ、継続性が乏しいことだ。とりわけ、保守派と進歩派の間で政権交代が起きると、新政権は前政権の「全否定」に走りがちだ。

その典型は、やはり、対北朝鮮政策だ。

金大中、盧武鉉と二代一〇年間続いた進歩派政権は、「太陽政策」に沿って北朝鮮に融和的な政策を推し進めたわけだが、保守派は、「話が違った」と一刀両断する。どういうことかと言うと、「太陽政策」は、単に北朝鮮を支援するだけでなく、独裁体制に市場経済や民主主義を伝え、徐々に「普通の国家」へと変えるという側面も進歩派からは強調された。そうすることで、民族の和解、そして将来の統一に道を開くのだと。しかし、保守派から見れば、支援は核とミサイルの開発にまんまと利用されて終わったではないか、となる。

二〇〇八年、盧の次に大統領に就任した保守派の李明博は、予想通り、「太陽政策」を否定した。「まずは北が核放棄を決断しなければ支援や交流はできない」とする厳格な路線へと舵を切ったのだ。

李政権の対北政策は、「非核・開放三〇〇〇」と名づけられた。北朝鮮が核を放棄するなら、韓国は大規模な経済支援を実施し、北朝鮮の一人あたりの年間所得を三〇〇〇ドルに引き上げよう、という内容だ。

まずは核放棄、その上で支援。いわば「投資の透明性」に重きを置いたのは、かつては財閥系の現代建設の社長だった李らしいスタンスだった。しかし、北朝鮮は強い拒絶反応を示した。私が北京に駐在していたころ、ある北朝鮮当局者は、「共和国（北朝鮮国民は自国をそう呼ぶことが多い）では、『開放』とか『改革』という言葉は禁句なのだ。それは、共和国の指導体制を転換するという意味になるためだ。そのような基本的なことも理解せずに『開放』という単語を押しつける李明博一味は、論外だ」と苦々しげに呟いた。

実際、李政権下で南北関係は急速に対決局面へと転じた。

北朝鮮は、二〇一〇年、韓国海軍の哨戒艦「天安《チョナン》」号に魚雷を発射して沈没させ（北朝鮮は否定）、乗組員五二人が死亡・行方不明となった。さらに、軍事境界線に近い延坪島《ヨンピョンド》を砲撃するという、朝鮮戦争の休戦協定を破棄するような軍事挑発まで強行してみせた。

続く朴槿恵大統領も、「韓半島信頼プロセス」という名の下、北朝鮮が非核化に向けて動き、南北間の信頼関係が構築できれば経済支援を行う用意があると表明した。

しかし、北朝鮮は反応せず、核・ミサイル開発は加速するばかりとなった。業を煮やした朴は、「太陽政策」を象徴する開城工業団地の全面的な閉鎖という決断を下す。

対北朝鮮政策の変化が日本にとっては最もインパクトが大きいが、韓国の国民にとっては、労働政策や大学の入試制度を含めた教育制度が政権ごとにころころ変わることのほうが切実な問題だ。自国の歴史に関する教育でさえ、大統領の路線次第で変わる。

もちろん、前政権の政策や実績を新政権が否定するのは、韓国の専売特許ではない。再び米国を引き合いに出すと、トランプ政権がオバマ前政権の大きな業績である「オバマケア」と呼ばれる医療保険制度改革や、TPP（環太平洋パートナーシップ協定）などをことごとく否定した。さらには地球温暖化に関するパリ協定からの離脱を決めたことは、世界に大きな衝撃を与えた。「アメリカ・ファースト」というポピュリズムを掲げて、自らの支持者ばかりに顔を向けた、前政権の全否定と言える。

なので、韓国が極めて特殊というわけではない。ただ、米国より国の規模が小さく、しかも完全に中央集権の国なので、政権交代による政策変更の振れ幅は、米国以上に大きいと感じる。

「ダイナミック・コリア」とは、韓国観光のかつてのキャッチフレーズで、現在も釜山市は「ダイナミック・釜山」を標榜する。だが、ソウルに駐在する記者や外交官らの間では、「ダイナミック・コリア」は韓国の政策の振れ幅の大きさを指す表現として皮肉混じりに使われることが多い。

憲法改正という「ブラックホール」

もう一度、二〇一六年一〇月二四日に戻る。

現行の大統領制が抱える様々な問題を解消し、不毛な権力争いに終止符を打つために憲法を改正しよう、と朴槿恵は国会で与野党に呼びかけた。韓国メディアがこれを予想できなかった一因は、憲法改正が非常な困難を伴うためだ。

憲法と大統領制度を変えようとするための本格的な議論に入れば、事の重大性ゆえに、他の法案の審議はおしなべて棚上げされることが避けられない。このため、韓国では、憲法改正の議論は「ブラックホール」とも呼ばれてきた。宇宙のブラックホールが全ての物質を飲み込むように、憲法改正は他のあらゆる議案を飲み込んでしまう、と。

そんな「ブラックホール」に挑戦しようとするなら、時の大統領が、「政治的な体力」を十分に保っていることが必須だ。一期五年間しかない大統領の任期が後半に入り、レイムダック化が進んでいるようでは、到底、憲法改正などできないわけだ。

それに、朴は、そもそも任期の前半に野党から憲法改正の必要性を提起されていたのだ。その際、彼女は、「若者の就職難対策や安全保障の強化など、より火急の課題がある」として、にべもなく拒んだのだ。

なぜ今頃になって方針を転換したのか。

進歩派の野党は、すぐさま、憲法改正という「ブラックホール」で崔順実をめぐるスキャンダルを隠蔽しようとしたのだ、と手厳しく批判した。

一方、青瓦台の元高官は、朴が国政運営の主導権を手放さないための戦略だったと私に解説した。自らの求心力低下を食い止めて次の大統領選挙でも保守派候補が勝利を収めることにつなげることが最大の狙いだったのだという。

この分析は納得できた。というのも、朴が改憲に向けて踏み出そうと宣言したとき、彼女が所属する保守派の与党・セヌリ党（旧ハンナラ党）は、この年の四月に実施された総選挙において予想外の大敗を喫し、窮地に陥っていたのだ。

セヌリ党の斜陽

二〇一六年四月の総選挙で、事前の世論調査では「セヌリ党が圧倒的に優位」という結果が出ていた。国会の定数三〇〇議席のうち、セヌリ党は過半の一五〇議席以上は確実であろうと。もしかすると、先述の「国会先進化法」に邪魔されることなく単独で法案を通過させることのできる一八〇議席（五分の三）にも届く勢いなのではないか、と。

蓋を開けてみれば、そうした予測は完全に外れた。

セヌリ党の獲得議席は一二二にとどまり、進歩派の最大野党「共に民主党」を一議席下回って第一党の座から転落したのだ。

国会は、一六年ぶりに、与党の議席数が野党側の議席数を下回る、「与小・野大」と呼ばれる状況になった。

セヌリ党の敗北は、「国会先進化法」を利用した進歩派野党による経済政策の停滞という、同情すべき点もあった。ただ、最も責めを負うべきは大統領の朴槿恵であった。メディアとの記者会見をほとんど開かない（基本的には年頭会見のみ）など、国民はもちろん、青瓦台の高官たちとすら、十分な意思疎通を図ろうとしない独善的な政治スタイルには、いつしか「不通《プルトン》」という蔑称が定着した。

二〇一六年に青瓦台で開かれた年頭会見に出席した際、会見の段取りを調整していた担当者が、「大統領と記者の皆さんの席を、去年より近づけたのですよ」と話しかけてきた。聞くと、前年の会見では、テレビの画面では大統領とメディアとの「距離感」が目立ったため、もう少し近づけたのだという。「不通」という批判を、だいぶ気にしていたわけだが、そうした小手先の対策では批判は収まらないだろう、と感じたのを覚えている。

その会見の後半、記者の一人から大統領と青瓦台高官や閣僚らとの意思疎通は大丈夫なのかと問う質問が出された。すると、朴は、脇に座っていた高官らの方を向き、「コミュニケーションに問題などありますか?」と笑いながら問いかけた。高官たちはやや硬い笑顔を浮かべて、「円滑です」とアピールしてみせた。

のちに、ある政府高官は、焼酎を呷りながら、こう嘆いた。「あの会見の場にいた全員が、意思疎通に問題があると分かっていたではないか。誰か一人くらい、『もう少し話し合いの場を持たれてはいかがですか』と声を上げていたら状況は変わったかもしれないのに」と。

そうした強権的、独善的な大統領のイメージに加えて、セヌリ党にとどめを刺したのは、党内の醜悪な葛藤であった。総選挙に向けて「親朴」と「非朴」の間で候補者たちの公認争いが繰り広げられたのだ。

「親朴」とは、朴の親衛隊と揶揄されるほどの忠誠を示していた議員たち。一方、「非朴」は、セヌリ党に所属はしながらも朴とは距離を置く議員たち。

日本の自民党内の派閥対立に似ているが、激しさは日本の比ではなかった。具体的な政策をめぐる対立なら、まだ有権者も許容したかもしれない。しかし、ひたすら、朴から見て「敵か味方か」の一点で総選挙の公認候補を決めるという、内ゲバとしか言いようがなかった。

韓国メディアは、その質の低さを批判はしつつも、人間模様としては面白いので、新聞の政治面ではその内ゲバの見出しが躍った。やれ「親朴」がこういう手を打った、「非朴」はこう反撃した、とプロレスのような具合で、保守派支持層の人たちをも白けさせた。

公認候補選びの終盤には、「親朴」系が主導する公認候補決定に反発した党代表の金武星《キムムソン》が、公認候補だと認定する書類に押す必要がある党の印鑑、「党印」を、汝矣島にある党本部庁舎から持ち出し、自分の地元の釜山に逃避するという珍事まで起きた。金は、数日間、釜山市内を流れる川を眺めたりして物思いに耽る、という、およそ選挙を前にした政党の代表とは思えないような稚拙な行動に出た。

こうして、朴とセヌリ党は、自分たちが撒いた種によって総選挙で大敗した。こうなると、セヌリ党の失地挽回をはかり、次期大統領の座を「相手陣営」の進歩派に渡さないためには、何か思いきった勝負手を打たねばならない。

そこで、朴が選んだのは、「ブラックホール」への挑戦、すなわち憲法改正というカードであったのだ。

そうした勝負に出た国会演説をテレビ中継で見ながら、私は、「長年放置されてきた大統領制の弊害をなくすべく、ようやく政界が動き出しそうだ」と考え、やや新鮮とでも言うべき気分で原稿を書いた。

実際には、朴にとっては時すでに遅し、であった。包囲網は限りなく狭まっていた。

国会での演説からわずか一〇時間後、彼女の政治生命に幕を下ろすことになる、長年の親友・崔順実が画策した「国政壟断」をめぐる前代未聞の混乱が幕を開ける。

文在寅は北朝鮮と通じていた?

崔順実とその親族、仲間による一連のスキャンダルは日本国内でも、連日、大々的に報じられた。それを改めて振り返る前に、もう少しだけ、時間を遡りたい。

日本ではあまり報じられなかったが、「南南葛藤」において、崔たちのスキャンダルがメディア用語でいう「弾ける」前に、保守派は、総選挙での大敗によって不利な状況に陥りつつも、二〇一七年の大統領選挙を睨んで、進歩派を牽制する先手を打っていた。

例えば、二〇一六年九月には、セヌリ党の李貞鉉《イジョンヒョン》代表が、進歩派である国会の丁世均《チョンセギュン》議長の国会運営が不公正だと主張し、国会内での断食に打って出た。

きっかけは、野党側が主導して可決した、当時の農林畜産食品相の解任決議。解任の理由は、農林畜産食品相の母親の医療保険が免除されていた問題であった。セヌリ党は、それは閣僚本人の仕事ぶりと無関係だとして解任は不当だと主張したのだが、丁議長は採決を拒まなかった。

韓国国会では、乱闘騒ぎに加えて、こうした抗議の断食も、しばしば行われてきた。

断食に突入した李代表が、国会内に敷いた布団の上で力なく横たわる様子が、連日、テレビに映し出された。健康状態を懸念する同僚議員が断食を中断するよう働きかけても、李は「議長と徹底的に戦う」と気炎を上げ、続行した。

結局、断食を始めてから一週間後、血圧が下がるなど健康に深刻な影響が出始めた李代表は、病院に運ばれ、断食は終了した。

この断食戦術以上に強いインパクトがあったのは、進歩派の中で次期大統領の有力候補と目されていた文在寅叩きであった。保守派にとって攻撃の足がかりとなったのは、北朝鮮に対する文在寅のスタンス。盧武鉉政権下で外交通商相を務めた宋旻淳《ソンミンスン》が、二〇一六年一〇月、「氷河は動く」という題の回顧録を出版したのだ。「崔順実ゲート」が「弾ける」直前のことである。

この回顧録の中で、宋は、二〇〇七年の国連総会において北朝鮮の人権状況を非難する決議案が採択されるのを前に、韓国としてどういう投票行動を取るべきか、政権内で激論となったことを述懐する。

宋によれば、盧大統領が開いた会議で、当時の国家情報院長が、「事前に北朝鮮の意見を聞く」という方策を提案し、それを大統領秘書室長であった文在寅が受け入れ、南北間の接触ルートを通じて北の立場を確認したという。

結局、国連総会で、韓国は北朝鮮の人権決議の採決を棄権した。

保守派は、この記述に、「わが意を得たり」と言わんばかりに湧き立った。北朝鮮が自国の人権状況を非難されるのを歓迎するはずもない。分かりきったことなのに、事前に北朝鮮にお伺いを立て、採決を棄権したなどというのは、「親北」どころか「従北」ではないか、と。

セヌリ党の議員たちは、国会で、「国の主権を揺るがす問題だ」と声を張り上げ、与野党が合同で調査委員会を立ち上げて真相を究明すべきだと主張した。日頃は国会での論戦からは距離を置く青瓦台の報道官まで、「事実なら極めて重大・深刻であり、衝撃的だ」とセヌリ党を援護射撃した。

これに対し、野党「共に民主党」は、大統領選挙を睨んだ、文在寅に対する露骨な「レッテル貼り」であり、名誉毀損に該当する行為だと反発した。

当時の国家情報院長は、「事実無根」と回顧録の内容を否定し、当時の統一相も、盧が開いた会議で棄権の方針を決め、それを北に事後通告したに過ぎないと説明した。

ところが、当の文在寅は、「北と内通していた」という主張に対し、フェイスブックで「盧武鉉大統領は多くの人の意見を聞いて、棄権することを決めた」と説明しただけで、自らが北朝鮮にお伺いを立てたのかという核心について、明言を避けた。何を考えてそうしたのかは不明だが、結果的に、「従北」という、大統領選挙に向けて致命傷になりかねない攻撃を跳ね返すには至らなかった。

このように、大統領選挙に向けては、実は保守派が先に攻勢を強めていたのだ。

朴とセヌリ党のなりふり構わぬ攻撃

朴槿恵とセヌリ党が攻勢を強めたのは、進歩派に対してだけではなかった。いわば身内であるはずの保守派有力紙、朝鮮日報をも圧迫した。

きっかけは、朝鮮日報が朴の信任が厚い青瓦台高官の不正疑惑を粘り強く追及したことだ。問題になったのは、禹柄宇《ウビョンウ》民情首席秘書官。元検事で、二〇〇九年に盧武鉉元大統領を取り調べた検事として知られる。

この民情首席秘書官というポストは、検察や警察、情報機関である国家情報院の人事を管轄する要職だ。

人事で高官に起用されるリストに挙げられた候補者たちの身辺を洗い、スキャンダルの芽があれば、リストから外せる。大統領の親族の動向までも監視可能だ。

韓国の大統領、とくに保守派の大統領たちは、とかく、検察と国家情報院を動員して政敵を圧迫してきた歴史がある。それだけに、その両機関の人事を握る民情首席秘書官の権力は、極めて大きい。

そうした要職にあった禹であったが、高級住宅地のソウル・江南《カンナム》に妻が所有する土地を、ゲーム会社「ネクソン」に日本円にして約一三〇億円で買い取ってもらったという疑惑が浮上した。通常の土地売買なら咎められるものではないが、問題は、二〇一六年六月、現職の検事長として初めて逮捕された陳炅準《チンギョンジュン》に未公開株を譲渡していたのも「ネクソン」であったことだ。

禹は、検事時代から親しかった陳が未公開株を受け取ったと知りながら、それを不問に付して検事総長に引き上げ、その見返りとして、「ネクソン」に土地を買い取らせたのではないか、というのが大まかな筋立てであった。

朝鮮日報が珍しく保守派政権に牙をむいたのは、それだけ、国民との意思疎通を図ろうとしない朴の「不通」ぶりに義憤を募らせたためとされる。

メディア関係者から聞いたもう一つの解釈は、朝鮮日報が、朴とセヌリ党の凋落ぶりを目の当たりにして、「このままでは次の大統領選挙で進歩派に勝てない」という危機感から、保守派を立て直すショック療法が必要だと判断したというものだ。

しかし、そうした深謀があったとしても、朴はそれを保守派メディアの「裏切り」としか受け止められず、反撃に出た。

二〇一六年八月、典型的な「親朴」議員が、朝鮮日報の宋熙永《ソンヒヨン》主筆が経営難に陥っていた大宇《デウ》造船海洋から過剰な接待を受け、クルーズ船に乗るなど豪遊していた、と証拠写真を公開して批判したのだ。

情報の出所が青瓦台であることは、見え見えであった。

民間企業である新聞社の幹部が、民間企業の大手造船会社から接待を受けたところで犯罪にはならないのだが、大宇造船海洋が経営難で、救済のために国費を投入するかどうかの議論が進んでいたことが、朝鮮日報にとっては大きな痛手であった。

結局、宋主筆は辞任に追い込まれた。

このように、朴とセヌリ党は、次期大統領選挙で進歩派に政権を奪われまいと、なりふり構わぬ攻撃に打って出て、一定の効果を挙げていた。

しかし、そうした保守派の攻勢を一気に吹き飛ばすほど、崔順実による国政への不当な介入の衝撃は大きかった。

「崔順実ゲート」をめぐる激震

韓国では、公共放送ＫＢＳのメイン・ニュース番組が午後九時からの放送であるため、他の放送局は、ＫＢＳとの競合を避けて、看板ニュース番組を午後八時から放送する。

二〇一六年一〇月二四日午後八時。

各局が、ほぼ横並びで、この日の午前中に国会で行われた朴槿恵大統領の憲法改正に関する演説をトップニュースに取り上げた中、新興テレビ局ＪＴＢＣの看板ニュース番組「ニュースルーム」は、全く違うニュースから始めた。

ＪＴＢＣの取材班が、朴の長年の親友である崔順実が使っていたＰＣ（のちにＪＴＢＣは「タブレット端末」と表現を変更）を手に入れ、その中に残されていたファイルを分析したという。

その結果、本来であれば機密扱いとして青瓦台から外に出してはならない大統領の演説草稿や大統領府の公文書が四四点含まれていた。大統領記録物管理法違反に該当する疑いが強いという。

実は、この報道の三日前には、国会で、野党議員が「崔は大統領の演説内容を事前に閲覧できたのか」と質問していた。これに対し、大統領最側近の李元鐘《イウォンジョン》秘書室長が、「封建時代にもありえない話だ。まともな人間は、そのような噂を信じたりはしないだろう」と真っ向から否定したばかりであった。

なのに、ＰＣに残されていたという大統領演説の原稿などがテレビ局によって明らかにされたのだ。崔が韓国政府の文化やスポーツの事業を食い物にした一連の事件、「国政壟断」、あるいは米国の「ウォーターゲート事件」をもじった「崔順実ゲート」をめぐる一大騒動が始まった。

翌一〇月二五日、青瓦台詰めの記者たちは早朝から報道官に前夜のＪＴＢＣの報道内容が事実かどうか、確認を迫った。報道官は言葉を濁すばかりであった。

午後になり、報道官から、「大統領が緊急の記者会見を行うことを決めた」というメッセージがメディア各社に流された。

そのメッセージを目にしたとき、街頭でロケをしていた私を含めて、多くの記者たちは、ただならぬ事態を予感した。

たかが記者会見の予告ではある。

しかし、なにしろ、朴は極端に記者会見やインタビューが嫌いなのだ。韓国メディアとの会見は、一年に一回、年頭会見のみ。あとは、外国を訪問する前に、その訪問国のメディアとのインタビューに応じる程度である。

その朴が、緊急に会見を開くというのは、前夜のＪＴＢＣの報道内容を認めざるを得なくなったこととしか想定できない。

午後四時。

果たして、青瓦台の記者会見場に姿を現した朴槿恵は、国民に頭を深く下げ、ＪＴＢＣの報道内容を大筋で認め、謝罪した。

「崔順実さんは、かつて、私が困難な時に助けてくれた縁で、大統領選挙の際に選挙や広報などの分野で私の選挙運動が国民にどう伝わっているかについて個人的な意見や感想を伝えてくれる役割を果たした。一部の演説も、同じ脈絡で、表現などのアドバイスを受けたことがある。（大統領に）就任後も、一定期間、一部の資料について意見を聞いたこともあったが、大統領府の補佐態勢が完備されてからはやめた。国民の皆様に、深くお詫びする」。

前日、国会で憲法改正に向けて動くという決意を示した際に漲っていた覇気は、消えていた。

朴が触れた「困難な時」とは、母・陸英修、そして、父・朴正煕大統領が相次いで殺害され、青瓦台から去ったあとの苦しかった日々を指す。

しかし、謝罪会見を見た国民のうち、朴のそうした辛い過去に同情を寄せた人は、保守派、それも朴の熱狂的な支持者たちだけであった。

ほとんどの国民は、大統領の側近らが否定していたにも関わらず、崔順実という正体不明の女が実際に朴と秘密裏に密接な関係を持っていたことに、愕然とした。

この会見を境目に、「南南葛藤」において、保守派からの攻勢に晒されて分が悪かった進歩派は、一気に巻き返すこととなる。

次章では、保守派と進歩派、両陣営の熾烈なせめぎ合いの根底にある朝鮮半島の分断状態について印象的な事象を紹介したい。

第二章

朝鮮半島 分断の現在

ソウル市内、地下道の入り口などに設けられている「待避所」の看板（AFP＝時事）。

準戦時態勢の分断国家

ソウル・汝矣島《ヨイド》。

漢江に浮かぶこの島には、国会議事堂だけでなく、韓国証券取引所があり、その周りに金融や証券会社が集まっている。それが、米国・ニューヨークのマンハッタン島に通じるものがあるとして、韓国の人たちは冗談交じりで「韓国のマンハッタン」とも呼んできた。

近年、高層ビルが増え続ける汝矣島だが、島で最も高いビルは、一九八五年に完工した「六三ビル」だ。名前の通り、六三階建てで、高さは二四九メートル。壁面が全面的に金でコーティングされているため、陽光を浴びると黄金色に輝き、遠くからでも目立つ。

その六三ビルの屋上には、対空高射砲が設置されている。北朝鮮空軍の戦闘機がソウルに飛来してきたら撃ち落とすためだ。高射砲を操作する軍の射撃手も、常に待機している。

こうした対空高射砲は、六三ビルだけでなく、ソウルの他の高層ビルや山中にも配置されている。どれも、砲や付属する設備の色を、例えば山中なら樹木のような緑色にするなど、周囲の風景に合わせてカムフラージュをしている。その存在に気づかない観光客も多い。

しかし、いったんそうした高射砲に気づき、目を凝らして観察し出すと、あちこちに配置されていることが分かる。韓国が準戦時態勢の分断国家だということを実感する。

汝矣島には、全経連（全国経済人連合会）のビルもある。全経連は、日本の経団連に相当する。こちらのビルも、壁面が総ガラス張りで、やはりよく目立つ。

ある日、この全経連ビルの最上階に近い韓国料理店で全経連の幹部と食事をしていたとき、相手が六三ビルを指さして、言った。

「実は、このビル、設計段階では六三ビルよりも高くする方向で話が進んでいたのですよ」。

しかし、そうすると、六三ビルにある高射砲を、より高い全経連ビルの屋上へと移すことになる、と軍から指摘された。全経連は慌てて設計を変更し、高さを六三ビルより抑えたという。

朝鮮戦争がまだ正式に終わっていないという韓国の厳しい一面が垣間見える光景は、他にもある。

例えば、ソウルで、歩行者が車道の下を通るための地下道の入り口には、たいてい、「待避所」という看板が貼られている。青や黄色の三角形の積み木を組み合わせた家のような図柄があしらわれているので、よく目立つ。万が一、北朝鮮軍による攻撃に見舞われた場合は、とりあえずこうした待避所に逃げ込め、というわけだ。

また、地下鉄のホームに降りれば、複数のガスマスクを収めたガラス張りのケースが、どの駅にも置かれている。北朝鮮軍による生物・化学兵器による攻撃から身を守るためのものだ。

もっとも、大都市ソウルにおける駅の利用者数に比べれば、ホームのガスマスクの数は微々たるものだ。いざという時の防護という実践的な役割が、ないとは言わないが、「北の脅威を忘れるな」と国民に呼びかける意味合いの方が強いようだ。

「ポケモンGO」が韓国で遅れた理由

時には、意外な形で南北が軍事的に対峙している現実が脚光を浴びる。

二〇一六年、日本発のオンラインゲーム「ポケモンGO」が、世界各国で社会現象を引き起こすほどの大ヒットとなった。ところが、日本の隣国である韓国では、待てど暮らせど、サービスが開始されるというニュースが流れなかった。

理由は、「ポケモンGO」が、米国に本拠を置くグーグルの地図サービス、グーグルマップを基にして作動するためだ。韓国政府が、国防上の観点から、外国企業に韓国内の精密な地図情報を渡さなかったのだ。それは、「空間情報の構築及び管理などに関する法律」に基づいている。これは、端的にいえば、韓国の詳細な地図情報が外国企業を通じて北朝鮮に渡り、侵攻計画に利用されるのを防ぐ、という法律だ。

ちなみに、韓国企業が作成する地図は正確だが、安全保障上の重要施設は地図に載らない。青瓦台や、国家情報院など。

かつてはソウル市庁付近からテレビカメラで青瓦台を撮影することもタブーであった。とりわけ、外国の放送局が撮ったりしようものなら、支局が閉鎖されるかという騒ぎになった。さすがに現在では規制が緩み、NHKソウル支局のスタジオからの中継では、出演者の背景に映し出す映像に青瓦台の遠景を使うことも多い。

それに、北朝鮮も、青瓦台や国家情報院、あるいは在韓米軍の基地がどこに位置しているかなど、百も承知だ。時々、国営メディアを通じて、気にくわない報道をした韓国の新聞を攻撃すると脅すが、その際、当該新聞の社屋の緯度経度まで記してみせて、「自分たちは南側の地理など熟知している」とアピールする。

ただ、折に触れて、日本製のカメラを積んだ無人偵察機が軍事境界線を越えてソウルにまで飛行してくる（そして一部は北側に戻れずに墜落する）ことを考えると、やや原始的な方法で航空写真を撮って韓国の地理に関する情報をアップデートしているようだ。

話を「ポケモンGO」に戻すと、韓国で一向にサービスが始まらない中、江原道《カンウオン》の東草《ソクチョ》や高城《コソン》など、日本海に面した東海岸では、どういうわけか「ポケモンGO」が遊べることが判明した。連日、大勢のゲームファンが東草に押しかけ、一心不乱にスマホを睨みなから歩き回り、ポケモンたちを追った。

おかげで、東草は思いがけぬ「ポケモンGO」特需に沸いた。

そのカラクリは、グーグルマップを使ってゲーム開発会社が全世界を網目状に区切った際、東草などを含む東海岸の一部は、韓国としての網目から外れたためだ。その死角のような地域でだけ、ゲームは楽しめた。ただ、地図のデータが韓国政府から提供されたものではなかったため、実際の地形や道路と、ポケモンが登場するそれとでは、微妙なズレもあった。

ゲーム開発会社による網目の都合から、実は、北朝鮮の東海岸にもポケモンは現れた。だが、当然ながら、誰も韓国側から軍事境界線を越えて近づけなかったため、捕獲は不可能であった。

こうして韓国東海岸の限られた街では「ポケモンGO」は楽しめるようになった。しかし、相変わらずソウル等ではアプリを立ち上げてもポケモンは一匹も登場しない。

そこで議論となった。

世界的な人気を博している「ポケモンGO」を韓国全土で楽しめるようにするために、安全保障上の理由から定められた地図情報に関する法律に例外を認めるべきか。東草などの特需をみても、人々が大挙して街に出かければ、おのずと消費が刺激され、経済効果も見込める。

国防部（省に相当）、統一部、それに未来創造科学部などが侃々諤々の話し合いを続けたが、意見はなかなかまとまらなかった。

結局、「ポケモンGO」がソウルを含めた韓国全土で遊べるようになったのは、二〇一七年一月。他の国々より概ね半年遅れであった。韓国における地図情報の制限という問題を、どうクリアしたのか、ゲームの開発会社は明らかにはしなかった。

「戦争になればソウルは火の海に」

ゲームの一件からも分かるように、韓国の人々の暮らしには、日本では存在しない緊張や制約もある。ソウルは、首都かつ最大都市でありながら、ほぼまるごと、北朝鮮軍の高射砲の射程に収まってしまっている。英語のDemilitarized Zoneの頭文字「DMZ」という呼び方でも知られる軍事境界線から、ソウルの中心部は四〇キロ程しか離れていない。

一九九四年、南北が特使を交換するために板門店で行った実務接触の席上、北朝鮮の代表が、「戦争になればソウルは火の海《プルハダ》になりますよ」という脅し文句を述べたのは有名だ。

実際に北朝鮮軍の砲撃がどれほどの威力なのか、文字通りソウルが火の海と化す可能性はどれくらいあるのか、当時も現在も韓国では議論は尽きない。

いずれにせよ、そのように韓国側が北朝鮮の軍事力に対する不安感を膨らませていること自体、「火の海」発言が心理的な揺さぶりとしては絶妙の効果があったことを示している。なにしろ、朝鮮戦争は未だに法的には終わっておらず、休戦状態でしかないのだ。

一九五〇年六月二五日、北朝鮮軍による侵攻で始まり、約三〇〇万人もが死亡したと推計される朝鮮戦争は、開戦から約三年後の一九五三年に板門店で休戦協定が調印された。

ただ、その休戦協定に韓国は調印していない。調印したのは、米軍を主体とした国連軍、北朝鮮軍、それに中国軍（中国では「人民義勇軍」「人民志願軍」等と呼ばれる）の三者。

韓国軍が不在なのは、「国連軍の一員だったため、調印する必要はなかった」というのが現在の韓国の公式見解ではあるが、実際には、当時の李承晩大統領が頑なに休戦に反対したためだ。

北朝鮮は、休戦協定を、正式な終戦、恒久的な平和協定に転換することを何度も提起してきた。その呼びかけの相手は、韓国ではなく、あくまでも国連軍の主体だった米国。「南は休戦協定の当事者ではないので、関係ない」とあからさまに韓国を除外する態度をとってきた。休戦協定に調印しなかったことが、韓国にとって対北交渉におけるアキレス腱となってきたのは否めない。

休戦協定の調印から六〇年以上が経過し、本来なら休戦という一時的なはずの措置が、すっかり通常状態となった。とはいえ、韓国を初めて訪れた外国人でも、韓国が現在も「準戦時態勢」だと実感するのは、そう難しくない。例えば、人気の観光スポットと化したとはいえ、DMZに行けば南北分断の最前線を目の当たりにでき、北朝鮮側を見下ろす展望台で双眼鏡を覗けば、耕作機械もなく手作業で畑を耕す人民が見える。

DMZに近づかなくても、ソウルの街中では軍服姿の若者をよく見かける。徴兵制のためだ。一定の年齢に達した男性は、身体的な制限がない限り、軍隊に入るのが原則だ。大学に在学中の入隊が多いため、せっかくキャンパスで出会ったガールフレンドとのデートの機会が激減し、別れてしまうカップルが多いことは日本でもよく知られている。

そうした敵対関係が続いてきた一方で、北朝鮮は、正確に言えば北朝鮮の一般人民は、韓国にとって、いつの日か統一を実現させるべき同胞でもある。国会議事堂の本会議場には、議員の定数である三〇〇人のための席が設置されている。しかし、実は、議員たちの席は容易に動かすことができ、最大で四〇〇席まで収容できる。統一の暁には、議員の定数を一〇〇人増やせるようにするためだ。

「軍事革命」から「漢江の奇跡」へ

今では想像しにくいが、南北双方が建国を宣言した一九四八年から一九七〇年代初めくらいまでは、北朝鮮のほうが国力は韓国よりずっと上であった。北朝鮮が韓国に電力を支援した（そして恣意的に送電を止めたりもした）こともあったほどだ。

天然資源に恵まれない韓国は、朝鮮戦争の休戦直後の一九五四年、一人あたりのGDP（国内総生産）は六六ドルしかなかった。アフリカのエチオピアよりも低く、最貧国の一つだった。

朴槿恵の父、朴正熙が、一九六一年五月一六日の軍事クーデターで権力を握った。彼はそれを「軍事革命」と呼び、新たな指導体制は軍事革命委員会となった。

保守派の軍部なのに「革命」にこだわったのは、前年に起きた「四月革命」に対抗する形でクーデターに正統性を持たせるためだった。第四章で触れるが、「四月革命」は初代大統領の李承晩を打倒した民衆蜂起を指す。

朴正熙は意気揚々と「革命」を掲げてはみたものの、当時の韓国のあまりの貧しさに直面して、「正直に言って、私は泥棒に入られた家か、倒産した会社の管理を任されたような気がした」と述懐している。

このままでは、朝鮮戦争の休戦協定が破られて北朝鮮から再び攻め込まれたら国を守れないと感じた朴は、一にも二にも経済再建を目指した。そのために、多くの国民の反対を押し切って、一九六五年、日本との国交正常化を果たした。そして、請求権・経済協力協定に基づいて日本から有償・無償合わせて五億ドルの供与を受け、それを元手にして高速道路や製鉄所の整備などに乗り出した。

また、ベトナム戦争で朴は軍の二個師団を米軍の援軍として南ベトナムに派遣した。これにより、韓国経済は戦争特需の恩恵にあずかった。

こうして、輸出といえば、西ドイツに炭鉱夫や看護婦を派遣することくらいしかできなかった韓国は、朴の指揮の下で本当の輸出立国へと変貌し、急速な経済成長を成し遂げる。それは、のちに、「漢江の奇跡」と呼ばれるようになった。

一九七〇年代半ばには、南は国民一人あたりのGDPで北を抜き、以降、その差は開くばかりとなっていく。

一九九一年にソ連が崩壊して冷戦が終結すると、北朝鮮は、ソ連や東ヨーロッパの社会主義陣営から受けてきた手厚い経済支援が途絶えてしまう。そのために、建国当初から社会主義を標榜して市場原理をまるで無視した経済政策を続けた積弊が一気に露呈した。一九九〇年代前半には何万人もの餓死者が発生する事態にまで陥り、北朝鮮が自ら「苦難の行軍」と呼んだ危機に直面する。

「苦難の行軍」の頃、痩せ細った庶民や、市場で物乞いをする「コッチェビ」と呼ばれる浮浪児らの姿を密かに撮った映像や写真が外国で次々に公開されると、「そう遠くない将来、北朝鮮は崩壊する」という見方が、韓国はもちろん、日米でも広がった。

こうして、南北間の「体制間競争」は、決着がついた。その競争の本質について、ある青瓦台高官は、私に、「南は自動車を作ることを選び、北は武器を作ることを選んだ」と説明した。どちらの選択が正しかったのか、今では議論の余地はない。

南北間の経済力の差は、外交力の差に直結した。一九八七年の民主化後、当時の盧泰愚《ノテウ》大統領は、飛躍した国力を背景に、「北方外交」と呼ばれる、旧社会主義陣営への接近を進めた。それは、北朝鮮の外交関係を切り崩す戦略であり、ソ連や中国との国交樹立を実現させた。

中ソ両国による韓国との国交樹立は、北朝鮮から見れば完全な裏切り。指導部は衝撃を受けた。

北朝鮮が核開発を加速させた大きな理由も、中ソ両国が韓国と国交を樹立したことだと指摘されている。安全保障面の後ろ盾を失った以上、自力で核兵器を取得しなければ、体制は守れないと恐れた、というわけだ。

「漢江の奇跡」の成果を世界に誇示する絶好の機会となったのが、一九八八年に開催されたソウルオリンピック。

大会の前年には、北朝鮮の工作員だった金賢《キムヒヨン》姫《ヒ》らが大韓航空機爆破事件を引き起こした。狙いは、オリンピックの妨害だったが、それは、北朝鮮の一層の孤立を招く結果となった。

経済発展の犠牲にされた民主化

北朝鮮の経済統計の信憑性が低いため、正確に比較することは難しいのだが、現在、GDPにおいて韓国は北朝鮮の四八倍という推計がある。

しかし、韓国がOECD（経済協力開発機構）の仲間入りを果たし、北朝鮮が世界最貧国の一つになっても、なお、南は北の存在から逃れられない。北朝鮮という存在は、韓国社会に影を落とし、保守派と進歩派の「南南葛藤」を増幅させている。

保守派の人々は、「北韓は相変わらずスパイや工作員を送り込んでいるに違いない」という、漠然とした不安感が強い。おのずと、北朝鮮に融和的な進歩派の人たちが、まさに北朝鮮のスパイのように映る。

一方の進歩派の人たちから見れば、かつての朴正熙のように保守派の大統領が「反共」の名の下、北朝鮮とつながりもなく純粋に公正な社会の実現を願った自国民を弾圧したのが許せない。進歩派にとって、朴の時代とは、経済成長を成し遂げた栄光ではなく、暗黒の独裁だ。

保守派も進歩派も、相手陣営を恐れ、そして憎むのは、朴正煕が歴史の表舞台に登場するより前の歴史の暗部の影響も大きい。

例えば、韓国が建国を宣言（一九四八年八月）するよりも前の、同年四月には、「済州島四・三事件」が始まった。これは、米軍政庁（在朝鮮米陸軍司令部軍政庁）が統治する中、朝鮮半島南部において単独選挙が実施されたことに対し、北朝鮮と通じていた共産主義勢力の南朝鮮労働党員らが済州島で武装蜂起し、これを鎮圧する目的で米軍政庁が警察や右翼人士を島に送り込んだことで起きた。

鎮圧は、次第に武装蜂起とは関係のない島民たちも巻き込んだ殺害へとエスカレート。一方で南朝鮮労働党員たちの抵抗は収まらず、米軍政庁は、たまらず国防警備隊（のちの韓国軍）をも済州島に派遣した。

しかし、武装した島民は山中でゲリラ戦を展開し、また、軍の一部が反乱を起こしたため、殺し合いは長期化した。

結局、「済州島四・三事件」は、完全に終結するまで六年半かかり、三万人もが犠牲になったと推計されている。

一九五〇年、朝鮮戦争の開戦直後には、「保導連盟事件」が起きている。これは、李承晩政権下の軍や警察が、共産主義からの転向者やその家族を再教育するための組織であった「保導連盟」に登録されていた国民を虐殺したものだ。犠牲者には多くの幼子も含まれ、全体では一〇万人以上との説があるが、実態は今なお不明だ。

韓国において、「済州島四・三事件」も、「保導連盟事件」も、長年、触れることはタブーだった。

朴正煕による「軍事革命」以後も、元軍人たちによる強権的な統治体制のもと、民主化を求めるデモや学生運動に対する弾圧、野党政治家らの逮捕・監禁などが、あとを絶たなかった。

「漢江の奇跡」によって北朝鮮との体制間競争には勝ったものの、その過程では、人権や民主化は犠牲にされたわけだ。

そうした非民主的な経済発展は、韓国のみならず、他の国の歴史でもみられ、一般的に「開発独裁」と呼ばれる。

「南山」と恐れられた面々

白昼堂々、野党の指導者だった金大中が東京のパレスホテルから拉致され、殺されかけた「金大中事件」が起きたのも、朴正煕政権下の一九七三年であった。

一九六〇年代以降、軍・保守派政権による苛烈な人権弾圧の主な実行主体は、韓国中央

南山頂上の「Nソウルタワー」

情報部、通称「KCIA」であった。のちに「国家安全企画部」に、そして現在は「国家情報院」へと名称は変わった。

KCIAの本部は、ソウル中心部、明洞《ミョンドン》や南大門《ナムデムン》市場に近い南山《ナムサン》の中腹に置かれていた。現在、南山には多くの遊歩道や木製の階段が整備され、春には桜が咲き乱れ、秋には鮮やかな紅葉が広がる。山といっても、標高は約二六〇メートルしかないため、週末のソウル市民たちにとって南山は格好の散歩コースとなっている。私もよく歩いた。

頂上には、高さ約二三〇メートルの「Nソウルタワー」がそびえ立つ。タワーは、市内のどこからでもよく見えるランドマークとなっている。テレビドラマや映画にもよく登場するので、韓流ファンの外国人も大勢訪れる。

だが、ＫＣＩＡ本部が置かれていた時代、「南山」という地名には、陰鬱な響きが混じっていた。「南山」はＫＣＩＡを指す隠語であり、「南山に行く」といえば、それは、長閑《のどか》な散歩などではなかった。ＫＣＩＡ本部に呼ばれ、あるいは問答無用で連行され、「取り調べ」とは名ばかりの拷問を受けることを意味した。

朴が一九六一年にＫＣＩＡを創設した目的は、北朝鮮のスパイ活動に関する情報を集め、摘発することであった。

初代の部長は、共に「軍事革命」を主導した金鍾泌《キムジョンピル》。「南山」の要員たちは、主に軍の精鋭から選抜され、偽名や偽の肩書を駆使して北朝鮮のスパイを見つけ出すために全国に散った。冷戦下で朝鮮半島の分断が次第に固定化し、米国を筆頭とする西側にとって韓国が共産主義を食い止める「反共」の橋頭堡《きょうとうほ》となっただけに、スパイ対策は極めて重要であった。

ところが、ＫＣＩＡは、早々に、本来の存在意義から乖離していく。

朴の独裁政権が長期化するにつれ、「朴の政治に異を唱える者＝北のスパイ」とみなす傾向が強まり、いくつもの冤罪事件が生み出された。それにもお構いなく、朴はＫＣＩＡを自らの権力維持のための道具として活用した。のちの保守派大統領たちも、やはり、ＫＣＩＡの流れを汲む情報機関を自らの権力維持に大いに利用した。

人民革命党事件

代表的な冤罪事件としては、「人民革命党事件」が挙げられる。一九六四年の第一次と、一九七四年の第二次とがある。

両方とも、北朝鮮の朝鮮労働党から指令を受けた「人民革命党」という組織が韓国の転覆を図った、とKCIAが主張し、多数の進歩派人士や学生らを反共法や国家保安法違反等の容疑で逮捕、起訴した。

一次も二次も、「人民革命党事件」はKCIAによる捏造であった。

検察も証拠の乏しさから捏造ではないかと見抜いた。しかし、強権的な朴政権の影響下に置かれていた当時の司法は、最終的に被告たちに有罪判決を言い渡す。

とりわけ、第二次では、一九七五年、八人に死刑判決が宣告され、宣告からわずか一八時間後には刑が執行されるという取り返しのつかない事態が起きた。これは、「司法による殺人」と呼ばれるようになる。

現在でも、国家情報院の構成員たちは基本的に名刺を持たない。私もソウル駐在中はそうした人物の一人とよく会うようになったが、初対面のとき、名前と携帯電話番号だけが手書きで書かれた名刺を渡され、戸惑った。今でも、名刺に書かれた名前が本名なのか、確認はできない。

ソウル市長は「小統領」

二〇一七年、ソウル市は、南山のKCIA庁舎の跡地に、人権弾圧という「国恥」を後世に伝え、再び繰り返してはいけないと強調するための広場を整備することを決めた。とりわけ、KCIAの第六局という部署が民主化を求める人々を容赦なく拷問したことから、広場の名称は「記憶6」とされた。庁舎で実際に使われていた柱が、六本、オブジェのように広場に立ち、拷問室を再現した建物も整備された。

「記憶6」の整備を進めたのはソウル市長の朴元淳《パクウォンスン》。「共に民主党」に所属し、二〇一七年の大統領選挙出馬を狙っていた。最終的には党内での支持が拡大せず、撤退を余儀なくされたが、現在の韓国で進歩派を代表する政治家の一人である。

軍部や保守派政権下で起きた弾圧の清算に力を入れるのは、彼のように、もっぱら進歩派だ。もう少し、加害者側の保守派が率先して取り組むと、「南南葛藤」も少しは落ち着くのだろうと何度も思ったが、残念ながら、そうはなっていない。

ちなみに、ソウル市長は、人口九九〇万人の首都のトップであることにとどまらない。日本でいえば閣議にあたる、青瓦台での国務会議にも出席することができる。朝鮮王朝時代からのソウル一極集中、そして青瓦台にも定期的に出入りする特別な権限ゆえに、ソウル市長は、大統領ならぬ「小統領」とも呼ばれる。

このように、「開発独裁」の時代を検証し、その犠牲となった人々を悼む取り組みはそれなりに進められてはきた。ただ、国全体として保守派と進歩派の和解が成し遂げられたとは、到底、言えない。とりわけ、李明博、朴槿恵と二代続いた保守派政権は、北朝鮮との「体制間競争」で勝利した功績を強調しようとするあまり、過去の清算には後ろ向きで、進歩派との葛藤は激化した。

私がソウルに駐在していたとき、その葛藤の象徴となったのが、一九八〇年に起きた光州事件をめぐる対立だ。

「君のための行進曲」

黄教安《ファンギョアン》首相は、歌うのか。

二〇一六年五月一八日、韓国メディアの関心はこの一点に集まっていた。朴槿恵と崔順実らの「国政壟断」をめぐって韓国が大混乱に陥る五か月ほど前のことであった。

首相が歌うかどうかが問題になったのは、「君のための行進曲」(「あなたのための行進曲」とも訳される)」。一九八〇年五月一八日から韓国南西部の光州で始まった民主化要求運動と、それを武力で弾圧した戒厳軍との一〇日間にわたる抗争、光州事件の犠牲者たちを追悼する歌である。
　歌詞は次の通り。

人も名誉も名前も残さず／
一生進もうと熱き誓い／
同志はいなくなり旗のみがなびく／
新しい日が来るまで揺らぐな／
年月が過ぎようと山川は知っている／
目覚めて叫ぶ熱き喊声／
先に行く生きる者よ続け／
先に行く生きる者よ続け

　もともとは、事件で市民側のスポークスマン的な役割を果たし、結局は死亡した男性と、夜間教師として労働者たちの教育に尽くしながら事件の一年ほど前に不慮の死を遂げた恋人との、「霊魂結婚式」のために作られた。それが、事件全体の追悼歌として知られるようになった。

「霊魂結婚式」とは、新郎新婦のどちらか、あるいはこのケースのように両方が、亡くなったあとに挙げられる結婚式を指す。

そうした悲運の二人に捧げられた歌なだけに、メロディーは哀悼を帯びている。八〇年代、この歌は公式には歌うのが禁じられたが、若者らの間でどんどん広がり、民主化を求める熱気の象徴ともなった。しまいには、韓国を超えてアジアの他の国々にまで伝わった。

一方、保守派の間では、「君のための行進曲」は、昔も今もいたく不人気だ。

李明博政権は、この歌を「合唱曲」に指定すると発表した。

韓国では、国歌のように、式典に出席した国民は全員で歌うよう政府が定める「斉唱曲」がある。これに対し、「合唱曲」は、ステージに上がる合唱団は歌うが、会場の人たちは「歌うも歌わないも自由」というものだ。

なぜ保守派はこの歌を嫌うのか。諸説あるが、よく聞くのは、「君」を指す韓国語の「ニム（文の初めだとイム）」という呼称だ。人名や肩書の後ろにつけて「様」を意味する「ニム」は、敬語の二人称でもある。保守派の一部は、「ニムは北韓（北朝鮮）の金日成を指している」と主張する。

また、「新しい日」という言葉は、共産主義革命を連想させるという指摘も出て、「この歌の含意は、大韓民国の否定、北韓の礼賛だ」という疑いが定着した。

さらに、北朝鮮が光州事件を題材に製作した映画の中でこの歌を流したことも、保守派の疑念を増幅させる結果となった。

ただ、この歌に対する保守派のアレルギー反応の理由として、個人的に腑に落ちるのは、光州事件以降も続いた八〇年代の民主化要求運動、さらに、民主化がなされたあとも現在に至るまで、労働組合の集会等で歌われる定番曲になったことだ。汝矣島で頻繁に開かれる労組の集会を観察していると、必ずと言っていいほど、鉢巻やたすき姿の組合員たちが拳を振りながら「君のための行進曲」を力強く歌っていた。

つまり、この歌は、現在では進歩派のテーマソングになっているわけだ。だから、本当に北朝鮮を礼賛したものかどうかはともかく、保守派は耳をふさぐ。

再び、二〇一六年の光州事件追悼式典。

来賓や事件の犠牲者の遺族らの挨拶のあと、「君のための行進曲」の演奏が始まった。式典を生中継するKBSのカメラが、最前列に陣取る参加者たちの姿を撮る。カメラがゆっくり横に振られると、黄首相の姿が映し出された。

黄は、口を真一文字に結んだままだった。

「歌わない首相」の映像は、この日のテレビニュースで繰り返し流され、コメンテーターたちは、おしなべて、「五一八（光州事件を指す）をめぐる国内の葛藤を象徴していて、残念な光景ですね」と嘆いた。

光州事件

一九七九年一〇月に朴正熙大統領が側近によって銃殺されたことで、「維新体制」と呼ばれた軍事独裁の時代は、突然、終結した。民主的な社会が実現するという期待感、高揚感が韓国全土で広がった。軍部の一部を除いては。

彼らは、「民主化への要求は国家の根幹を揺るがす」と信じていた。朴正熙や金鍾泌ら「旧軍部」と呼ばれた世代との比較という意味合いから、彼らは「新軍部」と呼ばれた。

中でも、「新軍部」の中核を成したのは、「ハナ会」と呼ばれた非公然組織。

「ハナ」とは、韓国語で数字の「一」。慶尚道出身の陸士一一期生たちを中心に密かに組織されたことが、名称の由来だ。率いたのは、のちの大統領、全斗煥《チョンドゥファン》保安司令官。そして、全斗煥の次の大統領となる盧泰愚も「ハナ会」のメンバーであった。

「ハナ会」を中心とした新軍部は、七九年一二月一二日、朴正熙大統領殺害に関与した疑いがあると主張して陸軍参謀長の鄭昇和《チョンスンファ》らを逮捕し、軍内の実権を握った。これは、のちに「一二・一二クーデター」と呼ばれるが、正確に言えば、まだクーデターではなかった。大統領の権限を、崔圭夏《チェギュハ》首相が代行したためだ。

もっとも、新軍部が鄭参謀長の逮捕を崔首相に事後承認の形で認めさせたので、この時点で実質的な最高権力者は保安司令官の全だったとみなされている。

全の意向に神経を遣いながらも、首相の崔は、八〇年二月、金大中や尹潽善《ユンボソン》（第四代大統領）ら、朴正熙に歯向かったために政治活動が禁じられたり拘束されたりしていた政治家ら六八七人を対象に、政治的な活動の自由を復活させた。国民の間では、俄然、民主主義への熱気が高まった。「ソウルの春」とも呼ばれた時期だ。

しかし、「ソウルの春」は短かった。

政治活動を再開した金大中は、今こそが韓国において民主化を達成する絶好機だと理解はしていたが、民主化を目指す勢力での主導権を巡り、金泳三《キムヨンサム》と対立した。そこに、朴の側近であった金鍾泌も大統領の座を狙って政治活動を始めた。

いわゆる「三金時代」の幕開けであった。

当時、ソウル駅前に集結した民衆を撮った写真を見ると、二〇一六年から翌年にかけて朴槿恵大統領の退陣を求めて光化門前の広場を埋め尽くしたソウル市民たちの姿とよく似ている。韓国の「路上民主主義」だ。

しかし、一九八〇年、新軍部は「路上民主主義」を力ずくで抑え込むと決め、各地に軍部隊（戒厳令が出されたことから「戒厳軍」と呼ばれた）を派遣し、抗議集会を解散させ、リーダーたちを連行した。

とりわけ戒厳軍による過酷な弾圧を受けることになったのが、南西部に位置する全羅北道の光州であった。この地方を地盤とする金大中が逮捕されたことが、学生たちにとって蜂起の引き金となった。

光州には空挺特殊部隊の二大隊が送り込まれた。空挺特殊部隊は、北朝鮮軍のゲリラ部隊を撃退させるのが本来の任務だった。

軍の記録に残らない「華麗なる休暇」

光州に入った特殊部隊は、地元の警察とともに、民主化を求める学生らに牙をむいた。

その作戦は、「華麗なる休暇」とも呼ばれた。同名の映画が二〇〇七年に韓国で封切られている。作中、兵士たちは、下着姿にさせた学生らを棍棒《こんぼう》で袋叩きにした上に、まるで家畜を扱うかのようにトラックの荷台に無造作に乗せて運び去る。また、全羅南道庁前で、韓国の国歌「愛国歌」がスピーカーから流れ終わったのを合図に兵士たちは市民に向けて一斉に射撃を加える。こうした場面は、当時の凄惨な様子をリアルに再現したと評価され、ヒット作となった。

もっとも、軍の記録に、「華麗なる休暇」という作戦名は残されていない。光州に送られた兵士たちの間で広がった綽名《あだな》のようなものだった。

綽名であったとしても、軍が民主化要求を掲げた学生や市民を弾圧する作戦を「休暇」になぞらえたこと自体、蔑みの存在を物語っている。それは、当時の軍の主流派を成し、今も保守派の牙城である慶尚道出身者たちが、進歩派の人が圧倒的に多い全羅道に対して抱く蔑みだ。

韓国軍による攻撃で反政府派が完全に鎮圧された光州市で、後ろ手に縛られ兵士に連行される市民。1980年5月27日（UPI＝共同）

事件の死傷者に関しては、今なお、論争が続いている。光州市による公式な記録は、死者・行方不明者二三六人、負傷者は約三五〇〇人だが、「それよりはるかに多い」という主張も地元の人々の間では根強い。

戒厳軍と学生らとの戦いは、一〇日間にわたって続いた。

被害者や目撃者たちの証言は多いが、光州に投入された空挺特殊部隊員たちは、三〇年以上が過ぎた現在も、当時の自らの行動に関しては口が重い。家族に語るのも憚れるほど、光州は血にまみれたのだ。当時の映像や、市民たちの証言からは、何かに憑かれたかのような兵士たちの残虐性が伝わってくる。

私も、当時のことを知っているはずの元特殊部隊員らに、酒の席などでさりげなく話を振ってみた。「街中に立っていただけの女性が頭を撃ち抜かれたらしい」、「郊外の村が皆殺しにされたと聞いた」など、話はいつも伝聞調だった。「本当はあなたも撃ったのですよね」と問い詰めるのは気が引けた。

当時、兵士たちの銃撃や暴行が激しくなったのは、学生らも武装して反撃してきたためもあるが、元兵士たちの話しぶりからは、北朝鮮に対する憎悪と怯えが伝わってきた。

共産主義者の蔑称「パルゲンイ」

「新軍部」、とりわけ「ハナ会」の中心にいた慶尚道出身者たちの全羅道に対する蔑視があったのは確かだ。そもそも、「新軍部」による権力奪取に対する学生らの抗議のうねりはソウルをはじめ各地に広がっていたのに、空挺特殊部隊が送られたのは光州だけだ。

こういう話をすると、「慶尚道と全羅道の確執は、三国時代（四世紀から七世紀）まで遡るからね」と諦め顔で解説をしてみせる韓国人もいる。現在の慶尚道地域は、当時は新羅、全羅道は百済で、百済は六六〇年に新羅と唐の連合軍によって滅ぼされる。

ちなみに、六六三年、日本の大和朝廷は百済の復興を手助けしようと百済の遺臣への援軍を派遣するが、「白村江《はくすきのえ》の戦い」で大敗を喫した。

ただ、歴史の専門家の間では、近代における慶尚道と全羅道の対立は、三国時代とはあまり関係がないという意見が多い。朴正熙大統領が自らの故郷である慶尚道に偏ってインフラ投資を行い、全羅道が「漢江の奇跡」から取り残される結果になったことで双方の鋭い対立につながった、という分析だ。

そうだとしても、光州事件の凄惨さは、偏ったインフラ投資だけでは説明がつかない。当時、「光州に北朝鮮の兵士や工作員が大勢流入し、市民たちを武力革命へと扇動している」という噂が広がったことのほうが大きいように思える。そうした噂は、今なお、一部の人々の間では根強く信じられている。

韓国において、共産主義者の蔑称は「パルゲンイ（赤野郎）」。光州へと向かった兵士たちは、上官から、「北韓からパルゲンイどもが光州に入って学生や一般市民に扮している」と聞かされ、仲間内でもそう囁きあった。学生らが武器を持って反撃し、市街戦と化したのも、そうした噂の信憑性を高める結果となってしまった。

北朝鮮による青瓦台襲撃未遂事件

地図を広げてみれば、北朝鮮の兵士や工作員が軍事境界線からはるか南方に離れた光州に侵入するなどということが、あまり現実的ではないことが、容易に分かりそうなものだ。しかし、八〇年当時、実際に北朝鮮軍兵士が侵入した事件の記憶が鮮明だった。代表的なのは、六八年一月、三〇人規模の特殊部隊がソウルに侵入し、朴正煕大統領の暗殺を狙った事件だ。隊員たちは、偽の韓国軍服を着て韓国側に潜り込み、ソウル市内に入ると、日本製の背広やレインコートに着替えたという。そして、明確な殺意を持って青瓦台を襲撃しようとした。

彼らは青瓦台から八〇〇メートル程しか離れていない北漢山の山中にまで進んだ。しかし、そこで警察の検問に出くわし、銃を乱射して逃亡する。韓国軍と警察が大規模な掃討作戦を展開したが、銃撃戦は二週間も繰り広げられ、巻き添えになった市民も含めて、韓国側は六八人も死亡した。

最終的に北朝鮮の特殊部隊員は三〇人が殺害され、一人だけ少尉が逮捕された。数人が北朝鮮側に逃げ帰った、という説もある。逮捕された少尉は、テレビカメラの前で、「自分は朴正煕の首を取りにやってきたのだ」と述べ、韓国国民に衝撃を与えた。今風に呼べば、「北朝鮮版の斬首作戦」だ。

この事件のように、北朝鮮の兵士や工作員の韓国侵入は現実に起きていた。さらに、北朝鮮は、昔も今も、事あるごとに、韓国民に対して「民衆革命」を起こすよう呼びかける。南において民衆が軍事独裁政権（今なら「米国の傀儡《かいらい》政権」）を倒せば、南北統一は成し遂げられるのだ、と。

こうした歴史を踏まえると、おぼろげながら、光州事件における狂気のメカニズムも見えてくる。八〇年当時、軍事境界線から遠く離れた南西部の光州においても、北朝鮮が部隊を侵入させた、あるいは市民を「民衆革命」へと扇動している、といった噂は、現在よりもずっとリアリティーがあった。

さらに、「新軍部」は光州と他地域を結ぶ電話回線を遮断した。軍の統制下にあったメディアも、こぞって「内乱」、「光州市民の暴動」と事態を定義し、武力介入を正当化するプロパガンダを繰り返した。

その後も、全斗煥政権下の司法は、事件を金大中らによる「内乱陰謀事件」と位置づけ、金大中に死刑を宣告した。国際的な非難の高まりで、「刑の執行停止」という措置で金大中は釈放されたが、いかに保守派の軍事政権が進歩派の象徴であった彼を警戒していたかが窺い知れる。

光州で起きた事態は「パルゲンイの扇動による内乱」だとした軍事政権側の主張は、一定程度、現場の兵士たちにも刷り込まれていたとみられる。

南北で異なる統一のイメージ

ちなみに、北朝鮮は、兵士たちを韓国内に密かに送り込んでゲリラ戦を展開することを狙い、軍事境界線の地下を通って韓国側に出るトンネルも掘った。これまでに発見されたトンネルは四本。脱北者たちがもたらす情報などから、まだ未発見のトンネルが存在するという見方が有力だ。

このうち、第三トンネルは、現在は観光地となっており、遊園地の乗り物のようなトロッコ列車に乗って地下七八メートルまで簡単に降りることができる。地底では、韓国軍兵士が二四時間態勢で警戒にあたる中、北朝鮮側から南へと伸びてきたトンネルの先頭を、分厚い壁の小窓から見ることができる。

長年にわたって北朝鮮との交渉に携わってきた青瓦台高官は、南北関係について、私に次のように語った。

「南北それぞれが、『統一を果たさなければならない』と語る。同じ民族同士なのだから、それは自然なことだ。しかし、その統一のイメージは全く異なる。韓国の歴代政権は、保守・進歩を問わず、ドイツを統一のモデルにしてきた」と。

西ドイツは経済力や人権をめぐる状況で東ドイツを凌駕し、その事実を伝える情報が東側に流れ込んだことで、西側に吸収されての統一を求めるうねりが広がった。最終的には、社会主義陣営の重要な一角であった東ドイツ指導部も国民の渇望に抗しきれなくなり、人々は雪崩《なだれ》を打って西ドイツへと向かった。そして、一九八九年にベルリンの壁は崩れた。

韓国が目指す統一の形態は、この東西ドイツの歴史を範としているわけだ。すなわち、経済を主戦場とした体制間競争で勝ち、平和的な吸収統一へとつなげるという流れだ。

「だが、北韓は違う」と高官は静かに述べた。

「北韓がモデルにしてきたのは、ベトナムだ。北がDMZの下に南に通じるトンネルを掘ってゲリラ戦を仕掛けようとしたのは、ベトコンが南に侵入した手口を真似たものだ。そして、北ベトナムはアメリカ軍を追い出した。それこそが、北韓とすれば理想なのだ」。

北朝鮮問題の本質は南北の体制間競争

九〇年代以降、北朝鮮による核開発、そして核の運搬手段としての弾道ミサイル開発が、韓国はもちろん、米軍基地がある日本、そして米国にとっても、安全保障上の脅威となってきた。二〇〇三年からは中国を議長国とした六か国協議が開催され、北朝鮮の核開発の速度に一定の歯止めをかけることはできた。しかし、根本的な解決には至らず、六か国協議の行き詰まりに乗じて北朝鮮は核やミサイルの開発を再び加速させた。

北朝鮮としては、ソ連による「核の傘」がなくなった以上、自力で核兵器を開発して「米帝」の核の脅威から自国を守る、という理屈で一貫している。このため、核問題をめぐる交渉は（六か国協議に韓国も含まれているものの）、基本的には米国との問題だと主張してきた。米朝間の一対一の交渉で朝鮮戦争の休戦協定を平和協定へと転換できなければ核問題は解決できない、と。よって、核は南朝鮮とは関係のない問題だとして、韓国と真剣な話し合いに応じようとしなかった。

北朝鮮の核やミサイルの問題は、米朝間の問題だ、という主張にも一定の説得力はある。しかし、大局的に見れば、北朝鮮の様々な問題の本質は、南北の体制間競争だ。

体制間競争に敗れた北朝鮮からすると、東ドイツのように吸収統一された場合、何が怖いのか。それは、金日成国家主席から金正日朝鮮労働党総書記、そして三代目の金正恩朝鮮労働党委員長へと世襲が続いてきた「王朝」の居場所が、統一された朝鮮半島から消えることだ。だからこそ、体制護持をかけて核兵器の開発に邁進した。

北朝鮮指導部は、イラクのフセイン政権が米国を主体とする有志国連合軍によって倒され、リビアのカダフィ政権が瓦解したのは、前者は核兵器を保有していなかったため、後者は核兵器を開発したのに放棄したため、と結論づけている。

南北が目指す統一の形が、南はドイツを、北はベトナムを夢見てきたと説明した青瓦台の高官は、こうも述べた。

「南は自動車を造り、北はミサイルを造った。目指した方向が異なっただけで、南北ともに、己が信じた方向で統一を目指してきた点では同じだ」。

光州事件がアジアに与えた影響

話を八〇年の光州事件に戻すと、「北韓が侵入・扇動した内乱」というレッテルは、全斗煥が大統領の座から退いてからも残った。八七年の民主化によって「ハナ会」の同志であった盧泰愚が直接選挙で大統領となってから、ようやく北朝鮮陰謀論は公式に否定され、現在は、「五・一八民主化運動」という呼称が定着した。

金泳三政権下では事件の責任追及が進み、全と盧は、光州事件での責任も問われて逮捕・起訴された。

光州は、現在も八〇年の悲劇を語り続けている。

市内を走る路線バスのうち、事件が始まった五月一八日からとった五一八番という路線があり、私も取材で乗車した。この路線バスは二〇分から三〇分間隔で運行され、かつて学生らの戦いの拠点となった旧全羅南道庁や、光州刑務所など、事件の主な舞台を通る。終点は、郊外に整備された「国立五・一八民主墓地」。この墓地では、毎年五月一八日に政府主催の追悼式典が開催される。

五一八番バスは、採算はとれないという。通勤や通学のルートからは外れているためだ。しかし、痛ましい過去を後世に教える一つの手段として、光州市が財政支援をし、路線は維持されている。

旧全羅南道庁前の広場には、時計塔があり、毎日午後五時一八分になると、「君のための行進曲」のメロディーが鐘の演奏で流れる。その響きは寂しげだ。

ユネスコ（国連教育科学文化機関）は、二〇一一年、光州事件を「民主化を求めた人々の蜂起」と位置づけ、「世界記憶遺産」に登録した。ユネスコは、事件の歴史的な意義を、「韓国の民主化において極めて重要な役割を果たしただけでなく、冷戦構造を崩して民主化を達成したことで、他の東アジアの国々にも影響を与えた。一九八〇年代以降、フィリピン、タイ、中国、ベトナム等で、韓国の足跡を辿る試みとして様々な民主化運動が起きた」と定めている。

確かに、八〇年代はアジアで民主化を求める運動が次々と起きた。強権的な体制の転換につながった動きもあれば、武力で抑え込まれたものもある。ユネスコが光州事件の世界記憶遺産登録に際して言及した順番でいくと、フィリピンでは八六年二月、「ピープル・パワー」と呼ばれた民主化運動の高まりが、独裁的なマルコス政権を倒した。タイでは八〇年代後半から、高い経済成長を背景に民主化の進展を求める国民の声が高まり続けた。

そして、中国では八九年の天安門事件が起きた。民主化を求めて集結した学生らに対して人民解放軍が無慈悲に発砲した様は、光州事件において全羅南道庁前で起きた一斉射撃と、実によく似たものであった。

ベトナムでは、八六年に「刷新」を意味する「ドイモイ」政策が打ち出された。ベトナム版のペレストロイカとも呼ばれ、社会主義体制は堅持しながら市場経済の要素を拡大しようとする取り組みだ。

こうした国々での動きが、光州事件の「足跡を辿る試みとして」各国の人々が立ち上がった結果だと考えれば、韓国現代史の悲劇は、アジアでの民主化促進に多大な貢献をしたと言えよう。

冷戦という時代の中、北朝鮮、そして共産主義・社会主義との対峙の最前線に位置した韓国。当時の軍事政権は、北朝鮮との「体制間競争」に完全な決着をつけることを最優先し、そのために民主化を犠牲にした。光州事件は、その「反共」の果ての暴走だったともいえる。光州で取材して、韓国の人々が、二度と起きてはならないという誓いは新たにしながらも、当時の時代背景を踏まえて、「南南葛藤」を鎮める方向に進んで欲しいと感じた。

「君のための行進曲」を全員で歌うのか、歌いたい人だけが歌うのか、国を二分するほどの論争が続いていた状況にも、被害者たちは胸を痛めていた。

光州で話を聞いた被害者の一人、金厚植《キムフシク》氏は、戒厳軍に左腕や胸を撃ち抜かれて重傷を負った。彼は、「君のための行進曲」は死んでいった仲間への鎮魂歌であるのに、「世論を分裂させ、国民が反目し合う結果を招いてしまっている」と嘆いた。一つの歌が、保守か進歩か、旗幟を鮮明にする上での「踏み絵」となったのは本意ではないと。

韓国の政治と社会は、過去をめぐる和解という方向には、まだ進めていない。

第三章

保守派のジャンヌ・ダルク

会談のため青瓦台を訪れた安倍晋三首相（左）を迎える朴槿恵大統領。2015年11月2日（共同）

朴槿恵の「役割」

「別に、朴槿恵さんが優秀だから我々が大統領候補に推したわけではないのですよ」。

汝矣島の国会議員会館で口を開いたセヌリ党議員は、意外なほど淡々と言葉を継いだ。

二〇一六年一二月、ソウルでは毎週土曜日に朴の退陣を要求する抗議集会が開かれ、その規模は膨らむ一方であった。朴と、彼女を大統領の座に押し上げたセヌリ党が深刻な窮地に陥っているのは明らかだったが、議員の口調は、悟りの境地にいるかのように落ち着いていた。

「彼女が政策に通じているわけではないことは、まあ、分かっていました。しかし、重要な役割を果たしたではありませんか」

私がその「役割」が何を指すのかピンと来ていないことを見て取ると、議員は平易な言葉で補足をした。

「この国を、親北派の連中から守ったわけです。しかも、とても強い姿勢で」

そう言われて、別のセヌリ党議員の比喩を思い出した。

「彼女は、韓国保守派にとってのジャンヌ・ダルクだったのですよ」

一五世紀のフランスの女性軍人、ジャンヌ・ダルクは、一〇代の若さで、英国との百年戦争でフランス軍を窮地から救った英雄だ。のちに英国軍の捕虜となり、宗教裁判で異端宣告を受けて火刑に処せられた。しかし、二〇世紀になり、ローマ教皇庁から聖女に列せられた。

父・朴正熙大統領が殺害されたあと、青瓦台を去ってからの長年の沈黙を破って政界に入った朴槿恵は、瞬く間に、父を熱烈に支持していた保守派の人々にとってアイドルのような存在となった。当時も保守派は窮地の連続であった。しかし、朴は選挙のたびに精力的に激戦区を回って候補たちの応援演説をし、劣勢を覆して党を勝利に導いた。いつしか、彼女は「選挙の女王」とまで呼ばれるようになった。

二〇〇四年、ハンナラ党（のちのセヌリ党）が金銭スキャンダルに見舞われて信用が地に墜ちると、党代表となっていた朴は、党本部のビルを出て汝矣島の空き地にテントを張り、そこを仮の党本部とした。テントでの党運営を始める際、朴は、「国民に対して犯した罪を深く反省し、この党本部でハンナラ党の新しい道を歩み始めます。我が党に対する憤りを静めてください」と呼びかけた。

多くの党所属議員は土埃が舞うテントに通うことに閉口し、国会内で会議を開くことを望んだ。だが、朴は野戦司令官のようにテントでの活動を続けた。

結局、「テント党本部」は八四日間続き、セヌリ党への支持はかなり回復した。

百年戦争のフランスにとってジャンヌ・ダルクが救世主だったように、朴も韓国保守派にとって救世主になったわけだ。

元大統領の長女という抜群の知名度。それを活かした選挙での強さ。そして、テントを仮庁舎にするといった大胆な行動で、朴は大統領に手が届きそうな地位までみるみる上がった。ただ、初めての大統領への挑戦は、ハンナラ党内の予備選挙で李明博に阻まれた。

五年後の二〇一二年の大統領選挙に向けては、李のような強力なライバルは党（ハンナラ党からセヌリ党へと党名は変更）の中に存在せず、順当に公認候補となった。

この年の大統領選挙で進歩派の最大野党、統合民主党の大統領候補となったのが、文在寅であった。

保守派の人々は、文在寅を、「リトル盧武鉉」、つまりは盧の再来と評した。

盧武鉉政権（二〇〇三〜二〇〇八年）は、当時、米ブッシュ政権の高官から「韓国のタリバン」と陰口を叩かれもした。そのココロは、盧とその側近たちが、前任者の金大中以上に進歩的な価値観を打ち出し、それを下支えしていたのは強烈な民族主義だという分析だ。その中に、文在寅もいた。文在寅は、かつては盧と共同で弁護士事務所を営み、青瓦台では盧の秘書室長という、側近中の側近であった。

「タリバン」という揶揄の是非はさておき、韓国の進歩派は、米国や日本のリベラル勢力とは異なり、民族主義的な色合いが濃いことは間違いない。

「保守派のジャンヌ・ダルク」と「リトル盧武鉉」。

保守と進歩という両陣営のそれぞれの価値観を如実に体現する両者が、二〇一二年の選挙で、「帝王的大統領」の座をめぐって対決した。

もっとも、この大統領選挙戦では、途中まで、もう一人、進歩派陣営の中でも「極左」、「露骨な親北」とみなされていた少数政党、統合進歩党の李正姫《イジョンヒ》候補も立候補していた。

そして、彼女の言動は思わぬ波紋を呼ぶことになる。

二〇一二年一二月四日のテレビ討論で、李は、冒頭から、朴を徹底的に叩いた。「自分は朴槿恵を落選させるために立候補した」と宣言したのは、まだ序の口。李は、朴の父、朴正熙のことを「元日本軍将校のタカギ・マサオ（高木正雄）」と呼んだのだ。

若い頃の朴正熙が、日本で「高木正雄」と名乗っていたのは事実だ。

しかし、そのことに触れるのは韓国社会ではタブーに近く、テレビの生放送で「タカギ・マサオ」という名前が流れたのは前代未聞であった。若者の多くは李が何のことを言っているのか分からず、「タカギ・マサオ」はネットでの検索ワードのランキングで急上昇した。

李の予想外の発言に、朴は懸命に冷静を装ったが、表情は強張り、動揺は隠せなかった。

結局、李はこのテレビ討論等で朴を散々叩いた挙句、選挙戦の途中、立候補を取り下げた。当初から、進歩派陣営の中で票を食い合うのを目指していたわけではなく、文在寅に対する「援護射撃」を試みたわけだ。

結果的に、李の過激な弁は、文在寅も彼女と同じくらい「極左・親北」なのか、という印象を広めることになり、文在寅の選挙戦ではむしろ逆効果であったという分析が多い。テレビ討論で、北朝鮮のミサイル開発が話題のとき、李が自国政府を「南側政府」と呼び、慌てて「大韓民国政府」と言い直したのも、その親北ぶりを天下に曝すことになり、文在寅にとっては迷惑であった。

そして、「タカギ・マサオ」発言は、のちに、統合民主党が大統領に就任した朴からつぶされる伏線となる。

初めて五〇%を超えての大統領当選

李正姫が序盤を掻き回した二〇一二年の大統領選挙ではあったが、中盤からは、やはり北朝鮮、安全保障政策が大きな争点となった。

文在寅は、李明博政権下の二〇一〇年に北朝鮮軍による哨戒艦「天安」号の撃沈事件や延坪島砲撃事件が起きたことを指摘し、南北間の対話チャンネルを閉ざして北朝鮮に圧力ばかりかけたから暴発を招いたのだ、と批判した。そして、融和的なスタンスで北朝鮮との対話を推し進めた盧武鉉政権下では、そうした軍事挑発は何ら起きなかった、とも。北朝鮮との関係を改善することこそが、韓国にとっての最善の安全保障政策というロジックだ。

この主張は、盧政権に限って見れば間違いではない。だが、自分たちに都合の悪い点は素通りしていた。それは、盧の前任、「太陽政策」の創始者である金大中の政権下で、黄海上で二度も北朝鮮海軍が韓国海軍に攻撃を仕掛け、双方に死傷者が発生しているという事実だ。

とくに、二度目の攻撃は、二〇〇二年、日韓が共催したサッカーのワールドカップの決勝戦（六月三〇日）の前日に発生した。一九八八年のソウル五輪を妨害しようと前年に北が大韓航空機を爆破した事件を思い出させる。

結局、「対話こそ安保」というロジックは、二〇一二年の大統領選挙では、勝負を左右する中間派の共感を呼んだというより、「この国を『パルゲンイ』から守らなければならない」という危機感を保守派の間で煽る結果となった。

また、財閥と中小企業の格差の問題にメスを入れるために朴が選挙戦で「経済民主化」に取り組むと訴えたのも、一定の共感を呼んだ。

投票の結果は、朴が得票率五一・六％、文が四八％。かなりの接戦ではあったが、一九八七年に韓国が民主化を果たした以降の大統領選挙で、得票率が五〇％を超えての当選は、朴が初めてであった。過去の大統領選挙では、三人以上の有力候補が戦ったこともあるので、単純に比較することはできないが、朴とセヌリ党にとっては、自信を深める結果になった。

「非正常の正常化」

そうした自信を背景に、保守派による進歩派の弾圧に近いほどの圧迫が始まった。

朴槿恵が掲げたスローガンは、「非正常の正常化」。

二〇一三年六月に青瓦台で開いた首席秘書官会議で、朴は、「新政権の改革を一言で定義づけるなら、非正常な慣行を正常化すること」と宣言した。これが進歩派つぶしの号令になった。以後、政権全体で、何かにつけて「非正常の正常化」を打ち出した。

きっかけは、韓国の公社が管理する原子力発電所での不祥事であった。納品をめぐる不正が発覚した上に事故まで発生し、原発の稼動が停止に追い込まれたのだ。夏場の電力供給への不安が高まり、国民は政権への不満を募らせた。

朴は激怒した。

公社で由々しき問題が起きるのは、社会全体に、ルールを正しく守らない「非正常」が蔓延しているためだと彼女は断じ、社会を立て直す決意を表明した。

やはり、一種の革命を目指したものだ。

この章の冒頭で紹介したセヌリ党議員の述懐のように、もともと、朴は政策通であったわけではない。「政治は何よりも信頼が重要だ」という精神論が口癖であった。

そして、信頼できないと断じた相手は、徹底的に敵視した。保守派からすれば、信頼できない相手の筆頭は、「南南葛藤」の相手、韓国内の進歩派だ。

原発を運営する公社での不祥事も、朴からすれば、敬愛する父・朴正煕を貶め、核やミサイル開発をやめない北朝鮮に塩を送り続けるように支援をしてきたとしか見えない進歩派政権が二期一〇年続いた結果なのだ、と。

民主労総への強硬姿勢

「非正常の正常化」の初手は、労働組合にメスを入れることであった。

韓国の労組は、その強硬姿勢で世界的に知られ、進歩派の強固な支持基盤である。二〇一三年六月、政権はKTXと呼ばれる高速鉄道の一部路線を分割・民営化するための受け皿企業を設立する方針を示した。これに対し、鉄道公社の労組は、「鉄道全体の民営化に向けた第一歩だ」と猛反発。

鉄道労組の上部団体は、全国民主労働総連盟、通称「民主労総」。韓国で最も過激な闘争手法をとる。また、民主労総の政治的な主張は北朝鮮との親和性が高く、それは、えてして労働者の権利をめぐる闘いから逸脱し、保守派に対するイデオロギー面での激しい攻撃につながる。

鉄道公社を段階的に民営化することが必要だという主張は、金泳三政権にまで遡る。なにしろ経営が放漫で、抜本的な改革が必要なことは明白であった。二〇一三年の時点では、累積赤字が一七・六兆ウォン（約一・六兆円）にものぼっていた。

金泳三政権のあと、金大中、盧武鉉と二代一〇年間続いた進歩派政権下では、鉄道公社の民営化は議論の俎上にのぼらなかった。保守派の李明博が政権を奪還すると、再び民営化への動きを進めようとしたが、結局、頓挫した。

進歩派の固い支持基盤である労組、とりわけ民主労総は、それだけ保守派にとっては手強い。

その民主労総に、朴は、正面から闘いを挑んだ。

KTXの子会社設立に反発して鉄道労組がストライキに打って出ると、朴政権は、それを「不法スト」だと定義。すかさず鉄道公社は労組の幹部約二〇〇人を業務妨害容疑で刑事告訴した。

対する労組は、ロウソク集会を開いて対抗した。ストの開始から一一日目の二〇一三年一二月一九日、民主労総はソウル市庁前で、約三万人規模のロウソク集会を開催した。民主労総が舞台を整えてのロウソク集会は、のちに朴を退陣に追い込むことになるわけだが、この闘争スタイルは進歩派の十八番だ。

一二月二二日、警察は民主労総本部がある京郷《キョンヒャン》新聞のビルに、催涙弾を発射しながら突入した。民主労総に警察が踏み込んだのは、これが初めてであった。警察の機動隊員と労組のメンバーは激しく衝突し、その模様はテレビで生中継された。

結局、警察は、民主労総の幹部を一人も逮捕できなかった。警察の動きが事前に民主労総側に漏れ、幹部たちが逃亡したためだ。それでも、初の警察突入は、朴と保守派が考える「非正常の正常化」に向けた決意の固さを国民に見せつける効果は十分であった。

元々、保守派のみならず、中道の国民の間でも、韓国の労組があまりにも過激で、韓国の経済活動の足を引っ張る存在になっているという受け止めは、ジワジワと広がっていたのが実情であった。政権の労組に対する強い姿勢は、概ね国民に評価され、保守派メディアは、朴のリーダーシップを、「鉄の女」と評された英国のサッチャー元首相になぞらえたほどだ。

実際、朴は、二〇〇七年に「最も尊敬する政治家」は誰かと問われると、迷うことなくサッチャーを挙げ、「サッチャー首相が『英国病』を治癒し、新たに飛躍したように、大韓民国の重病を治す」と述べている。サッチャーが、強大な権限を握っていた英国の石炭労組に正面から闘いを挑んだことを、民主労総に対する強硬姿勢の手本としたのは想像に難くない。

この労組圧迫が完遂されていたら、あるいはその後の朴の運命も大きく変わったかもしれない。しかし、身内のはずのセヌリ党内の足並みの乱れによって、中途半端な結末となった。

警察が民主労総の本部に突入した一〇日後、セヌリ党の重鎮議員、金武星《キムムソン》が動いた。野党・民主統合党の幹部からの要請に応じて、金は鉄道労組のスト終結に関する合意案を詰め、鉄道労組側もその案を受け入れたのだ。これにより、ストは終結した。

保守派はこの結末に今も嘆息する。

自由韓国党（旧セヌリ党）の議員は、「あと一歩のところで朴槿恵政権は鉄道労組をつぶせそうだったのに、金武星のスタンド・プレーで霧散した」と悔しそうに振り返った。

なぜ金武星はそういう行動をとったのか、と私が問うと、議員からは、「端的に言えば、彼はセヌリ党を『朴槿恵の党』にしたくなかったのでしょうね」という答えが返ってきた。

「選挙の女王」、「保守派のジャンヌ・ダルク」等ともてはやされても、一皮むけば、朴は、保守派の一部（とりわけ男性議員）から妬まれてもいたわけだ。

後に、二〇一六年の総選挙に向けた公認候補選びで、朴に近い「親朴」派と、金武星を中心とする「非朴」派の対立が激化し、泥仕合に有権者も呆れ、セヌリ党の予想外の大敗に直結することになる。その対立の萌芽は、この鉄道労組をめぐる両者の足並みの乱れにまで遡るわけだ。

こうして鉄道労組への攻勢は、保守派からみれば中途半端に終わったが、それでも朴は執念を燃やし続けた。そして、二〇一五年、警察は民主労総のハン・サンギュン委員長を逮捕した。ハン委員長がこの年の一一月に指揮した「第一回民衆総決起闘争大会」という大規模な反政府デモが、集会・デモに関する法律に違反したとみなしたのだ。

ハン委員長はソウルの日本大使館にも近い曹渓寺《チョゲ》に籠城した。警察の機動隊員たちと寺の僧侶たちが小競り合いを繰り返した末に、ようやくハンは投降した。委員長の逮捕という大打撃を受けた民主労総は、一層、朴に対する敵愾心を燃やした。それが、崔順実をめぐる一連の事件での反転攻勢へとつながる。

統合進歩党、解散へ

労組に対する強硬姿勢と並んで、あるいはそれ以上に、朴槿恵が「保守派のジャンヌ・ダルク」ぶりを発揮したのは、大統領選挙におけるテレビ討論で父・朴正煕を「タカギ・マサオ」と呼んでみせた李正姫が率いる親北朝鮮の極左政党、統合進歩党に対する圧迫だ。二〇一三年八月、国家情報院と検察は、統合進歩党の幹部三人を逮捕するとともに、李《イ》石基《ソッキ》議員の事務所を捜索した。容疑は、内乱陰謀・扇動、国家保安法違反等であった。

国家情報院が描いた事件構図はこうだ。

この年の三月、北朝鮮は朝鮮戦争の休戦協定の「白紙化」を一方的に宣言し、朝鮮半島の緊張が再び高まった。これを受けて、李議員は自らの地盤である中部の京畿道で共産化革命を実行する方法について謀議する会合を開催した。そこで、参加者たちに対し、国家の基幹施設を破壊することなど、軍事的な措置を含めた準備を指示した、というのだ。つまり、北朝鮮に呼応して、武力を行使しての「南朝鮮革命」を試みる準備をしていたという筋立てだ。

李らの謀議は、会合参加者からの通報で明るみに出たもので、会合でのやり取りを録音した音声ファイルも公開された。

韓国メディアによれば、李石基は、国会でも怪しい行動をとっていた。自らが所属する未来創造科学放送通信委員会とは関係のない軍事関連の機密資料を提出するよう、国防部に要求したという。具体的には、北朝鮮が軍事攻撃を仕掛けた場合に米韓連合軍がどの範囲内で報復攻撃を実施するのか、といった内容であった。北朝鮮が南進に踏み切る際の水先案内人の役回りを果たそうとしていたのではないか、という疑いが浮上した。

こうした一連の動きが明るみに出たことで、国会は、圧倒的多数で李に対する逮捕同意案を可決した。賛否の投票に参加した二六八人の議員のうち、反対票は一四票しかなかった。

統合進歩党は、「維新体制」と呼ばれた朴正熙の独裁国家をその娘が現代に蘇らせようとしている、と激しく反発した。だが、「北韓と通じた武力革命の試み」という事件の構図を示されてしまっては、最大野党・民主統合党としても庇いきれなかった。

国会が逮捕を許可したことで、国家情報院は、李石基を京畿道の水原地方裁判所に連行した。地裁では、逮捕することの妥当性をめぐって、検察と統合進歩党の李正姫が攻防を繰り広げた。

焦点は、統合進歩党の傘下にあると国家情報院や検察が主張した地下組織「ＲＯ」をどう位置づけるかであった。「ＲＯ」とは Revolution Organization の頭文字をとった呼称で、

「革命組織」を意味する。

検察は、李石基が、「RO」を基盤にして、「現職の国会議員でありながら暴力的な手法で韓国の国家体制を転覆させようとした」と主張。その指導理念は、北朝鮮の「主体思想」だと断じた。

これに対し、李正姫は、「RO」とは実体のない幽霊組織であり、国家情報院が謀議の証拠とした録音記録は捏造だと主張した。

しかし、「帝王的大統領」の求心力がまだ強い時期における論戦は、いかにも李正姫に不利であった。裁判所は検察側に軍配を上げ、李石基の逮捕が認められた。内乱陰謀容疑が適用されたのは、一九八〇年の光州事件での金大中以来、三三年ぶり。現職の国会議員が同容疑で逮捕されたのは、初めてであった。

韓国の司法が、時の政権の意向を忖度するという批判は少なくない。実際、ソウルで何人かの法曹関係者にこうした批判について訊ねても、誰も否定はしなかった。異口同音に、「大統領が司法機関上層部の人事権を握っている以上、検察や裁判所が政権の顔色を窺うのもやむを得ないでしょう」と言われた。

軍事独裁時代に比べれば、司法の独立性は高まり、政権の方針を否定する内容の判決が出ることも珍しくはなくなった。それでも、政治に左右される余地は残っているというわけだ。米国でも、連邦最高裁判所の判事たちが時の政権によって指名され、その思想信条が最高裁の方向性に、ひいては米国の司法全体に大きな影響を与えるのと似ている。

統合進歩党をめぐる刑事裁判で、地裁は李石基に懲役七年の実刑をはじめ、「南朝鮮革命」の謀議に加担したとして起訴された七人に有罪判決を言い渡した。これを受け、朴政権は、憲法裁判所に統合進歩党の解散請求審判を請求した。

憲法裁での審理でも李正姫が党の存亡をかけて出廷し、黄教安法相と論戦を繰り広げた。結局、憲法裁も政権側に軍配を上げた。二〇一四年一二月一九日、憲法裁は、九人の裁判官のうち、賛成八、反対一という結果で、統合進歩党の解散は妥当だという判断を下した。二〇一一年に結成され、国会で五議席を持っていた同党は、直ちに解散させられ、所属する五議員は議員資格を失った。

李正姫は、憲法裁前で、怒りに顔を歪ませながら記者団に決定は不当だと訴えた。党の解散が妥当だとする判断は、「虚構と想像を動員した」結果だと主張し、「民主主義は根元から崩れた。朴槿恵政権が大韓民国を独裁国家に転落させた」と糾弾した。

「タカギ・マサオ」発言の代償は、あまりに高かった。

憲法裁が初めて政党に解散を命じたことで、保守派が国の主導権を握っていることが、またもや強烈に見せつけられた。

そもそも、逮捕された李石基は、過去にも、北朝鮮と通じた地下組織「民族民主革命党」に絡んで逮捕され、服役した人物であった。

それでも、服役後に合法的な政党を結成し、国会で五議席も確保できるまで影響力を拡大できたのは、金大中・盧武鉉と二代一〇年間続いた進歩派政権を通じて韓国社会が「太陽政策」へと進み、国内の親北朝鮮勢力にも寛容になったためだ。

そうした寛容さを朴は認めないことは明確になった。憲法裁が統合進歩党の解散を決めたのは、彼女が大統領選挙で勝利を収めてから、ちょうど二年にあたる日であった。

やはり、韓国大統領は、五年間の任期のうち、前半は、「帝王」のような強さを発揮するのだ。

木棺地雷で南北が一触即発

繰り返すように、韓国での保守派と進歩派の最大の対立軸は、「北朝鮮とどう向き合うか」の根本的な違いである。それだけに、北朝鮮からの軍事挑発も、朴槿恵にとっては、「らしさ」を発揮する好機となった。

二〇一五年八月、軍事境界線の近くで地雷が爆発し、韓国軍の兵士二人が足を失う等の重傷を負った。

当初は、北朝鮮軍の木製の地雷が雨によって韓国側まで流され、それに兵士が触れて爆発した偶発的な事故であろうとみられた。「木棺地雷」とも呼ばれる北朝鮮の原始的な地雷が、しばしば、雨や川の水で流されてくるためだ。

しかし、韓国軍が詳しく調査をした結果、今回はそうではなく、北朝鮮兵士が意図的に非武装地帯の南側区域のすぐそばに地雷を置いたものだと結論づけられた。北朝鮮の兵士は、時々、「肝試し」のように、そうした挑発的な行動をとるという。

若い兵士の足を奪った北朝鮮の挑発を、朴は容認しなかった。

ただちに、軍事境界線沿いに展開している大型スピーカーを通じて、韓国の体制が優れていることなどを繰り返し大音量で北朝鮮に向けて放送する宣伝放送を全面的に展開した。

北朝鮮指導部は、以前から、こうした宣伝戦を恐れてきた。

「他の国に羨むことは何もない」、「南朝鮮は米国の植民地のようで人民は過酷な搾取に苦しんでいる」などと、人民に対していかに自分たちの体制が優れているかと常日頃から教え込む思想教育が、体制維持の要諦だ。それだけに、南からの「宣伝放送」でそうした思想教育への疑問が人民の間で広がれば、それは金日成主席から三代続く世襲体制の動揺につながる恐れがあると考えるからだ。

実際には、一九九〇年代後半の「苦難の行軍」と北朝鮮自身が呼ぶ深刻な経済難によって、国家の食糧配給制度が破綻して以降、中国経由で、食糧とともに外国の情報もどんどん流入するようにはなっている。このため、現在、指導部の思想教育をどれだけ人民が素直に信じているかは、微妙である。

それでも、「思想強国」を掲げる北朝鮮にとり、思想教育は依然として極めて重要だ。南からの宣伝放送や、脱北者団体が風船につけて体制を批判するチラシを飛ばしてくるのは、何としても退けなければならない脅威だ。

「木棺地雷」の爆発が北朝鮮の意図的な挑発だったとする韓国側の主張に対して、北朝鮮軍は鋭く反発した。八月二〇日、韓国側の大型スピーカーを狙って韓国・京畿道の漣川《ヨンチョン》付近に二度にわたって砲弾を撃ち込み、さらに、「四八時間以内に心理放送（南の宣伝放送を指す）を中断しなければ、軍事行動に入るであろう」と威嚇したのだ。

韓国軍は応戦し、二〇発以上の砲弾を北側に撃ち込んだ。漣川の住民たちは半地下の避難所に逃げ込んだ。

翌八月二一日、金正恩第一書記（当時）は朝鮮労働党の中央軍事委員会を緊急に招集し、南側と対峙する前線地帯を「準戦時状態」とした。「準戦時状態」は、いつでも戦闘開始が可能な警戒態勢を意味し、一九九三年に米韓の合同軍事演習に対して発令されて以来のことであった。当然、韓国軍は最高水準の警戒態勢をとり、米軍とともに北朝鮮軍の動きに最大限の注意を払った。

この時期、私はソウルに赴任した直後であった。南北間の突然の緊張の高まりに驚きつつ、若手記者や韓国人スタッフを北朝鮮が砲弾を撃ち込んだ漣川に急派した。現地では、お年寄りたちを中心に、住民たちが避難所に集まって事態がどう展開するのか、息を殺すようにニュースに見入っていた。

朴は、一歩も引かなかった。

全面的な軍事衝突も辞さない姿勢で、地雷の爆発に対する謝罪を北朝鮮に要求した。戦闘服姿で軍の司令部を訪問し、新たな軍事挑発があれば断固として対応すべし、と檄を飛ばした。

北朝鮮が「軍事的な行動に入る」と警告した四八時間という期限が徐々に近づくにつれて、韓国内ではさらに緊張が高まった。漣川の住民たちは、避難所に籠もったままであった。筆者をはじめ、メディアは現場や支局などで泊まり込み態勢となった。最悪の場合、朝鮮戦争の休戦が破られ、再び戦争になるのか、という考えも頭をよぎった。

八月二二日、北朝鮮外務省は「全面戦争も辞さない」という声明まで出した。緊張はピークに達した。

そして、期限切れまでわずか二時間という土壇場で、北朝鮮側が歩み寄った。

朝鮮労働党で対南関係を担う金養建《キムヤンゴン》統一戦線部長が、青瓦台の金寛鎮《キムグァンジン》安保室長に通知文を送り、板門店での南北会談を提案してきたのだ。

軍事衝突は回避される流れとなった。

韓国側は、それでも強気で、「北韓兵士の挑発なのだから、朝鮮労働党の金養建ではなく、軍を代表する資格のある者が交渉に出てこなければ意味はない」として、軍の黄炳《ファンビョン》瑞《ソ》総政治局長が会談に出てくることを要求した。

カメラの死角で北朝鮮が謝罪

畳みかけるような韓国側の強硬姿勢に折れて、北朝鮮はこの要求も呑み、黄炳瑞が金寛鎮との高位級会談に出てきた。

こうして実現した板門店での南北会談は、合計四〇時間に及んだ。途中経過に関して何も情報が明らかにされず、決裂して軍事衝突という可能性も否定できなかった。メディアは再び泊まり込み態勢でひたすら結果を待った。

そして、またもや、北朝鮮が折れた。

八月二五日、南北は、「地雷の爆発によって南側の軍人が負傷したことに遺憾の意を示す」という北朝鮮側の謝罪の文言を含めた合意文書に同意し、北朝鮮は「準戦時状態」を解除した。南が北から謝罪を引き出したのは、異例であった。

決裂すれば流血の事態につながったであろう南北会談の舞台裏を、のちに、会談に参加した国防部の元高官が私に明かしてくれた。

曰く、「我々（南）が軍事衝突も恐れていないぞという姿勢を崩さなかったところ、黄炳瑞が、観念したように、『カメラに映らない場所に行こう』と手招きした」という。

実は、板門店の会談場は、南北双方とも、それぞれの中央政府につながるカメラの中継回線をつなげている。会談でのやり取りを、朴大統領と金正恩第一書記も生中継で見ていたのだ。このため、この時の南北会談は、「間接的な南北首脳会談だった」とも言われる。

北朝鮮の黄炳瑞は、そうしたカメラの死角になっている場所に韓国側の会議出席者を手招きし、小声で、「申し訳なかった」と謝罪したという。

「金正恩が見ている前で南に頭を下げるような真似をしては、平壌に戻って粛清されかねないと不安だったのだろう」とその国防部元高官は推測する。

この「カメラの死角での謝罪」が突破口となり、南北は土壇場で軍事衝突を避け、地雷爆発に対する北朝鮮の遺憾の意の表明を盛り込んだ共同声明を発表した。

朝鮮半島の緊張は、緩和された。

それにとどまらず、南北関係は一時的に雪解けムードにさえなり、一〇月には離散家族の再会が実施されもした。

地雷爆発を巡る朴の強気の姿勢は世論にも後押しされ、政権の支持率は上昇した。足を吹き飛ばされた兵士と同じ世代の若者たちは義憤に駆られ、軍隊に所属している多くの若者が除隊予定を先延ばしすることを志願するという、異例の動きが広がった。すでに兵役を終えた男性の間でも、「軍隊に戻る用意がある」として、自らが今も所持している軍服や軍靴の写真をSNSで公開するという現象まで起きた。

こうした世論の盛り上がりを見て、進歩派の野党も、朴政権の強硬姿勢を批判するのを自重するしかなかった。

「血で結ばれた友誼」に楔

「木棺地雷」をめぐる南北の攻防以降も、朴槿恵が北朝鮮に対して強硬な姿勢を打ち出すと、低迷気味の支持率は回復するというパターンを繰り返した。いったん決めたら側近たちが何を言おうと梃子《てこ》でも動かないような彼女のスタイルが、こと対北朝鮮に関しては政権にとってはプラスに作用した形だ。

二〇一五年九月の中国訪問も、そうした一例であった。第二次世界大戦の終戦から七〇周年にあたるこの年、中国は「抗日戦争・世界反ファシズム戦争勝利七〇周年」を記念するとして天安門広場前を通る大規模な軍事パレードを実施すると発表し、各国の首脳を招待した。

日本や米国をはじめ、いわゆる西側諸国は、丁重に辞退した。

第二次世界大戦の終戦を記念するという体裁をとりながら、それは平和を祈念するという未来志向のメッセージよりも、新たな覇権への意欲を隠さない習近平国家主席が自らの権威向上に利用したいという思惑が、見え見えであったためだ。

にもかかわらず、朴は、招待に応じた。

当然、青瓦台の側近たちも米国等からの懸念を彼女に報告し、訪中は見送るべきだという意見を出した。しかし、直前まで検討を重ねた末に、朴は北京行きを決断した。

この訪中をめぐり、日本では、歴史認識問題をめぐる「中韓共闘」、あるいは、「中国の韓国取り込み」という文脈での懸念が高まった。中国語を流暢に話す朴が、中国への親近感を持っていたのは間違いない。ただ、軍事パレードを見るための訪中の主眼は、日本に対して歴史問題で中国と共同戦線を張るといったことではなく、北朝鮮への牽制であった。

そのロジックは、中朝の特殊な関係に基づく。

北朝鮮の核やミサイル開発を阻止するためには、かつて朝鮮戦争をともに戦った中朝両国の「血で結ばれた友誼」に楔《くさび》を打ち込み、中国を韓国側に手繰り寄せることが必須だという考えだ。そのためには、米国等から眉をひそめられても、習近平のメンツを立てる必要がある。むしろ、米国等が反対したからこそ、韓国としては、中国に大きな恩を売ることができた。

この一手は、短期的には成功した。習は、わざわざ朴との単独の晩餐会を開き、軍事パレードの際、天安門広場で習のすぐ近くに朴が立ったのに比べ、北朝鮮を代表して北京入りした崔龍海《チエリヨンヘ》は、端の方に追いやられた。

韓国メディアは、中国との結びつきに関して「南北間で歴史的な逆転が成し遂げられた」といった具合に訪中を持ち上げ、世論の反応も芳しかった。

開城工業団地とTHAAD

内外の懸念を振り切ってまで北京に行って軍事パレードを参観した真価が問われる局面が、翌二〇一六年の年明け早々から訪れた。一月六日、北朝鮮が「初の水爆実験」と主張した核実験を実施したのだ。朴槿恵は、当然、中国が北朝鮮に独自制裁を科すといった動きに出ると期待した。一月一三日に開いた年頭の記者会見で、「中国が国連安保理の常任理事国として必要な役割を果たすと信じている」と述べた。

だが、度重なる韓国からの要請にもかかわらず、中国の動きは鈍かった。

業を煮やした朴は、北京訪問時とは真逆の方向に舵を切る。中国が「人民解放軍の監視が真の目的だ」と強烈に反対していた、米国の迎撃ミサイルシステム「ＴＨＡＡＤ」の韓国配備を決断したのだ。「政治は信頼」がモットーの朴からすれば、犠牲を払ってまで北京の軍事パレードを参観したのに北朝鮮の核開発を止めようとしない中国指導部には、「信頼できない」という烙印を押した形となった。

さらに、二〇一六年二月には、開城《ケソン》工業団地の全面的な操業停止にも踏み切った。開城工業団地は、金大中政権の「太陽政策」の大きな功績だ。進歩派にとっては何があっても守られるべき北朝鮮との「共同作品」である。しかし、朴は、「北韓の労働者への賃金は、核やミサイル開発に流用された」と断じた。進歩派潰しの一環だ。

開城工業団地の閉鎖に関して、南北関係を所管する統一部は、直前まで青瓦台から何も知らされなかった、と当局者は証言する。朴が、独断に近い状況で強硬姿勢をエスカレートさせていった証左だ。

そうした強硬姿勢は、二〇一六年八月一五日、韓国で「光復節」と呼ばれる、日本の統治下から解放された記念日に彼女が行った演説で、一つのピークを迎えた。

恒例の日本批判は消えて未来志向の韓日関係構築を呼びかけた一方、朴は、北朝鮮に核兵器やミサイルの開発を即座にやめるよう重ねて要求した。その上で、「北側の当局幹部たちと全ての住民へ」と切り出し、「南北統一は、皆さんがいかなる差別や不利益もなく等しい待遇を受け、幸せを追い求められる機会になります」と述べたのだ。

北朝鮮の人民に、金正恩朝鮮労働党委員長をはじめとする指導部からの離反、韓国への亡命を呼びかける、異例の内容であった。

政権に批判的な文化人のブラックリスト

韓国では、時の大統領の路線は映画界にも大きな影響を及ぼす。映画製作が非常に盛んな国なだけに、映画が発信する政治的・社会的なメッセージは、世論に大きな影響を与える。

そこで、大統領は自分の考えや政策に沿う映画を鑑賞するために側近らと劇場に足を運ぶ。メディアで伝えられるその様子が、映画界に対して、「こういう路線の映画を制作すべし」という暗黙のメッセージになるのだ。

朴槿恵が大統領在任中に劇場で観たのは、当然、北朝鮮への強硬姿勢が全開の作品ばかりであった。

例えば、『仁川《インチョン》上陸作戦』。

朝鮮戦争の戦況を一変させた国連軍の仁川上陸を成功に導いたという韓国軍の偵察部隊の活躍を描いた作品だ。

あるいは、『太陽の下で』。

こちらは、北朝鮮の全体主義の裏にある、人民に対する当局の「演技指導」を、ロシア人の監督が赤裸々に暴いたドキュメンタリー映画だ。監督は人民の日常生活、素顔を撮ろうと北朝鮮に赴く。ところが、何を撮ろうとしても、事前に当局者たちが「シナリオ」を勝手につくっていて、それに沿って細かな振り付けをするものだから、全てが素顔からは程遠い演技になってしまう。そこで、監督たちはカメラを止めたフリをして、回しっぱなしにして部屋の片隅に置いておいた。おかげで、事前の「演技指導」がしっかり撮影でき、かの国の素顔を見事に捉えた。

これらの作品は、韓国では保守派はもろ手を挙げて称賛し、進歩派は酷評した。

確かに、ドキュメンタリーの『太陽の下で』はともかく、『仁川上陸作戦』は、国連軍を率いたマッカーサーをあまりに格好良く描いていたし、韓国軍の偵察部隊を率いる主人公の活躍ぶり、敵役の北朝鮮軍将校の悪辣ぶりは、荒唐無稽であった。

のちに朴と保守派にとって大打撃となる「文化人のブラックリスト」の問題は、映画の影響力をよく分かっていたがゆえの行きすぎたやり方であった。政権に批判的な映画監督や俳優、音楽家らのリストを作成し、公的な支援を打ち切ったというものだ。おそらく、多くの国で時の政権は自分たちが気に入る映画などを支援する。朴政権も、「支援したい人たち」だけを選別していたのなら、問題はそれほど大きくなったとは思えないが、「支援しない人たち」のリスト作成は陰湿な印象を国民に与えた。

朴政権と映画という話では、「ダイビング・ベル／セウォル号の真実」に対する圧力も問題となった。題名の通り、旅客船セウォル号の沈没事故をめぐるドキュメンタリー映画で、政権やメディアが事故対応のまずさを包み隠そうとしたと痛烈に告発する内容であった。

二〇一四年の釜山国際映画祭で上映される予定だった。しかし、当時の釜山市長が、「政治的中立性を欠く作品の上映は望ましくない」と発言して上映中止を求め、騒動になった。

最終的に「ダイビング・ベル」は映画祭で上映されたものの、映画祭の組織委員長は更迭された。当然、この映画の上映に踏み切ったことに対する政権側の報復だという見方が広がった。

李明博政権から引き継がれた慰安婦問題

こうして北朝鮮と韓国進歩派に対する圧力を強め、「帝王的大統領」ここにあり、と言わんばかりの隆盛を誇った朴槿恵。しかし、歴代の大統領たちと同様、五年間の任期が折り返し点を過ぎたあたりから雲行きが怪しくなった。彼女の場合、次第に求心力が落ちるレイムダック化を、持ち前の「一度決めたら梃子でも動かない」強権的なスタイルで乗り切ろうとした。

例えば、日本との外交。

日本では朴が慰安婦問題への対応で日韓関係を破壊したかのようなイメージが強いが、実際には、慰安婦問題は前の李明博政権からの積み残しであった。

二〇一一年、韓国の憲法裁判所は、慰安婦被害者たちの賠償請求権に関して具体的な解決のために政府が努力していないことが、「被害者らの基本権を侵害する違憲行為」という判断を下した。これが大きな転機となった。

李は日本政府に対して何らかの働きかけをしなければ憲法違反、という状態に追い込まれ、同年一二月に京都で開催された野田佳彦首相（当時）との首脳会談で日本側の行動を強く求めた。

しかし、野田は首を縦に振らなかった。

ソウルに戻った李は、「日本人と話していると、まるで弁護士と話しているような気分になる」と憤った。そして、竹島に上陸したり、天皇に謝罪を求めるような発言をしたりし、日韓関係は急速に冷え込んだ。

実は、この際の李政権は、憲法裁判所の判断に対する解釈を間違えていた、という指摘が韓国の一部の識者からは出ている。

どういうことか。

日韓が国交を正常化させた一九六五年に締結された請求権・経済協力協定は、請求権等をめぐって両国の協議で解決できない問題がある場合は、仲裁委員会を設置して議論し、両国は仲裁委員会の決定に従う、と定めている。

仲裁委員会は、日韓それぞれ一名の委員、そして第三の委員（理論上は第三の委員も日韓どちらかから選ばれうるが、実際は第三国からの委員となる）で構成される。

これを素直に解釈すれば、韓国政府が「慰安婦問題は両国間の協議では解決できない」として、日本政府に対して仲裁委員会の設置を要求さえすれば、日本がそれを拒否しようと、韓国政府が憲法違反という誹りを受けることはなくなったはずだ、というのだ。

ところが、李政権は解釈を誤り、仲裁委員会の設置を日本に働きかけるのでなく、日本政府との直接交渉や間接的な圧力で解決策、つまりは日本の譲歩を引き出そうと考え、両国関係を深く傷つけた、というわけだ。

こうした指摘が正しいかどうかは断定できない。結局、李政権は、「日本との交渉で（世論が納得する）譲歩を引き出さなければ憲法違反」という解釈をし、日韓関係をみるみる悪化させた。そして、慰安婦問題は、重い宿題として朴政権に引き継がれた。

朴は、この問題を対日外交の「入り口」に置くことを決めた。すなわち、日本側が十分な行動を示さなければ、安倍首相との首脳会談にも応じない、という強硬な立場であった。

それは、当然、憲法裁の判断を踏まえたものであったし、また、韓国で初の女性大統領として、女性の人権に関わる慰安婦問題に冷淡な姿勢を見せるなどということは、もとよりあり得なかった。ただ、その方針は、日韓関係の一層の冷え込みを招いた。

慰安婦問題合意とGSOMIA締結

ところが、大方の予想に反して、朴は二〇一五年一二月に日本との間で慰安婦問題の「最終的かつ不可逆的な解決」を謳った合意を受け入れることを決める。

これは、安倍首相との会談に応じない以上に勇気のある決断であった。

もともと、慰安婦問題が日韓間で最大の懸案に浮上して以降、どの大統領も、関係する民間団体や進歩派からの突き上げ、そして保守・進歩を問わず根強い日本の歴史認識への反発を恐れて、「問題を終わらせる」という決断をできなかったのだ。

それを、朴はした。

元慰安婦たちを表に立てて日本に法的な賠償を要求し続けてきた「韓国挺身隊問題対策協議会（挺対協）」等の団体は、猛反発した。こうした団体は、進歩派の思想を過剰に体現している。自分たちが唯一の解決策だと主張する、日本政府が法的な責任を認めての賠償を勝ち取ることなく、「最終的かつ不可逆的な解決」とは何事かと。

そして、それ以前の問題として、保守派の大統領が日本と妥協したというのは、到底、受け入れられるものではなかった。

しかし、朴は慰安婦問題での合意に対する反発が高まるのもよそに、日韓関係が急速に改善した流れに乗って、軍事情報包括保護協定（ＧＳＯＭＩＡ）の締結も決断した。

このＧＳＯＭＩＡ、二〇一二年六月にも、日韓両国が締結で合意しながら、進歩派の野党が「密室での合意だ」と激しく反発して調印の前日という外交上あり得ないタイミングで韓国側が合意を撤回し、霧散した経緯がある。

国家間の合意が調印前日に覆されるのは、「南南葛藤」が内政にとどまらず外交にも重大な悪影響を与えた典型だ。

政府高官が私に話したところによると、ＧＳＯＭＩＡ締結にゴーサインを出そうとする朴に、側近たちは過去のそうした経緯や、今回も世論が猛反発するリスクを説明し、思いとどまるよう意見具申をした。

しかし、青ざめた表情の側近たちに対し、朴は、「私が犠牲になっても構わない。国を防衛するためには必要な協定だ」と述べ、反対を押し切ったという。高官は、「北京の軍事パレード参観と、GSOMIA締結は、本当にやるとは思わなかった」と舌を巻いた。

日本から見れば、あるいは中国や北朝鮮に対抗する安全保障の面から日韓の歩み寄りを期待する米国から見れば、慰安婦問題の合意やGSOMIA締結は、大いに歓迎であった。当の朴としては、北朝鮮を抑え込むためにはあらゆる手段を動員すべし、というストレートな動機があったとみられる。

しかし、進歩派の反発を招いた外交や、二〇一六年の総選挙における公認候補選びで見せた独断姿勢などと相まって、彼女は、世論に耳を貸そうとしない、側近たちとも意思疎通を図ろうとしない「不通《プルトン》」というイメージが定着することになった。その「不通」ぶりに、国民のフラストレーションは積もりに積もり、進歩派が巻き返す土台となる。

デモ参加者をISと同一視

朴槿恵の「帝王的大統領」の権威に陰りをもたらしたのは、「不通」に加えて、終わりを知らないかのような進歩派に対する圧迫であった。進歩派の訴えは一顧だにせず、ひたすら敵視した。

その典型が、先述した二〇一五年一一月の「第一回民衆総決起闘争大会」への対応だった。この反政府デモは、民主労総のハン・サンギュン委員長の逮捕につながったのだが、その前に人命に関わる事態が起きていた。

警察が、デモ参加者たちを蹴散らそうと放水車から水を放ったところ、一人の男性がまともに水を浴びて倒れ、頭部を強打した。全羅南道の農民、ペク・ナムギ氏であった。ペク氏はソウル大学病院に運ばれたが、ずっと意識は回復せず、約一〇か月後、死亡した。遺族は、当然、放水で転倒したのが死因だと主張したが、病院は「病死」だと診断した。大統領の朴をはじめ、警察の幹部たちは謝罪するのを拒んだ。

朴は、このデモに関して、「今回の暴力事態は、常習的な不法暴力デモ団体が事前に組織的に計画し、主導した状況が多く明らかになっている。南と北が対立する状況で、こうしたことが起こることは看過できない。全世界でテロによって多くの死傷者が出ているときに、テロ団体が不法デモに潜入して国民の生命を脅かすこともありうる」と主張した。「常習的な不法暴力デモ団体」が民主労総を念頭に置いていたのは明らかだ。

そして、デモ参加者の多くがマスクをかけて顔を隠していたことに触れ、「覆面デモはできないようにしなければならない。ＩＳ（イスラム国）のメンバーも顔を隠すではないか」と言い放った。

まるで自国民とISのテロリストを同一視するかのような発言。当然、強い批判が巻き起こった。「民主労総憎し」から出てしまった失言であった。

そもそも、このデモの一因は、政権が国定の歴史教科書を改訂する方針を示したことへの抗議であった。「現行の歴史教科書は北韓に融和的な記述が多すぎる」というのが政権側の説明であった。だが、本当の目的は、朴の父、朴正煕元大統領の「軍事革命」や「漢江の奇跡」といった業績を現行教科書より強調し、民主化運動の弾圧という負の側面に関する記述を減らすことではないのか、と疑う声が広がっていた。

そうした批判や疑念に耳を傾けることなく、また、警察の放水で（病院は病死と診断したが）死者が出たことに遺憾の意も示さない朴の意固地さを目の当たりにして、民心は離れる一方となった。

国連で「セマウル運動」

「誰のお陰でこの国があると思っているのですか」

これは、先述の「文化人のブラックリスト」が作成されていった過程で、朴槿恵が当時の文化体育観光相に投げかけた言葉だという。「ブラックリスト」をめぐる裁判で明らかにされた。

朴が「誰のお陰」で韓国があると考えているのかは、言うまでもない。父の朴正煕元大統領である。父の統治を「暗黒の独裁体制」と批判する、あるいはセウォル号沈没事故をめぐる対応など自らを批判する映画等は、北朝鮮を利する「利敵行為」としか映らなかったようだ。

民主化を求める国民を、父はときには苛烈に弾圧はした。しかし、韓国の急速な経済成長を実現させ、北朝鮮との「体制間競争」に勝ったからこそ、OECD（経済協力開発機構）入りを果たすまでに発展した韓国があるのだ、と常日頃から声を大にして言いたかったようだ。

ただ、二〇一二年の大統領選挙で飛び出した統合民主党・李正姫からの「タカギ・マサオ」発言も影響してか、朴は、選挙中も大統領に就任してからも、父への思いをストレートに表すことは皆無に近かった。少なくとも韓国国内では。

父への敬愛の念は、国内で表に出すまいと我慢していた反動のように、外国に向けて発露された。

大統領に就任して早々、朴は、かつて父が進めたセマウル運動を、「世界的に見ても最も成功した取り組みの一つだった」と位置づけ、政府の予算を投入してアフリカや東南アジアの発展途上国にセマウル運動を伝授する活動を推し進めた。

セマウル運動とは、一九七〇年代前半に朴正煕が提唱した農村振興の取り組みだ。「セマウル」は韓国語で「新しい村」を意味する。

この運動は、農村や漁村において、精神啓発をベースにして生産力の向上や生活の近代化を図った。「自助、自立、協同」をスローガン（のちに「勤勉、自助、協同」に変更）とし、工業化の進展や旱魃《かんばつ》で苦境に陥っていた農村地帯のテコ入れにつながった。

そうした「為せばなる」という気概を農村の人たちに植え付け、農村の生産力向上につなげたという功績を挙げた。一方で、セマウル運動は、朴正煕の長期独裁を支える一翼を担うことになった側面も見逃せない。

一九七二年一〇月、朴正煕は国会を解散させ、政党活動を禁じ、非常戒厳令を敷くという「一〇月維新」を強行した。そして、大統領は任期六年で再選の上限を撤廃するという「維新憲法」の制定に乗り出した。事実上、終身大統領を目指すものだ。

このあまりに強権的な措置は、当時、米国と中国の接近等、韓国を取り巻く国際環境が大きく変動していたことが背景にある。朴正煕は、米中が近づこうとする中、北朝鮮の脅威に対抗するためには民主化は後回しにして、大統領の強いリーダーシップのもとで国を結束させる必要があるという思いがあった。

そして、「維新憲法」は、セマウル運動を巧妙に利用した。

仕組みは、こうだ。

「維新憲法」のもと、大統領を選出するのは、「統一主体国民会議」という新たな枠組みと定められた。その国民会議を構成する代議員の多くに、セマウル運動の指導者たちが充てられたのだ。

当然ながら、朴槿恵がアフリカ等の途上国にセマウル運動を伝えた際、そうしたカラクリでセマウル運動が父の強権政治を支えた、という事実は紹介されなかった。

もっとも、セマウル運動を国際的に宣伝しようという発想は、朴槿恵のオリジナルというわけでもない。例えば、二〇〇九年には朴正熙の故郷である慶尚北道が、道の事業として、アフリカのタンザニアとウガンダにセマウル運動を教える取り組みを実施した。セマウル運動は、保守派全体にとっても誇るべき実績というわけだ。

朴槿恵は、大統領として、思う存分にそうしたセマウル運動の国際化を推進し、二〇一五年九月、国連本部で開かれた「セマウル運動高位級特別行事」でハイライトを迎えた。潘基文《パンギムン》事務総長をはじめ、国連開発計画の総裁やベトナムの国家主席などが出席し、セマウル運動の歴史を踏まえて、現在、各国政府や国連機関が進めている農村振興策について意見を交わした。

韓国メディアによれば、この催しで、潘は、「セマウル運動はアフリカやアジアで燎原《りょうげん》の火のように広がっている」と述べ、セマウル運動を、それを推し進めた朴正熙を、そしてひいては朴槿恵を、手放しで称賛した。

さらに、潘は、「セマウル運動が始まった頃、私は公務員として運動を実行に移す努力をした。自分の村、そして国全体が変化する姿を見て自負を感じた」とも述べたという。

すかさず、韓国の進歩派は、「潘は一九七〇年代から外交官だったではないか。セマウル運動に関わったはずがない」と憤慨した。国連事務総長として、母国の元首に肩入れするのは戒めるべきなのに、という至極真っ当な批判が進歩派の間にあった。

実際、この国連総会に出席するためにニューヨークを訪問した朴は、滞在中、七回も潘と会った。いくら何でも多すぎる、という指摘は国連内でも出る始末だった。

もちろん、顰蹙《ひんしゅく》を買うかもしれないと朴も潘も考えなくはなかっただろう。それでも両者が立場の近さを露骨にアピールしたのは、朴が潘を自分の後継者、保守派の次期大統領候補に推すためだと誰しもが考えた。実際、のちに潘は大統領選挙に立候補することとなる。

こうして父の業績を国連本部で称賛し、保守派が「帝王」の座を守るための後継者にも目処をつけた朴槿恵。

その一年程あとに、彼女の転落が始まり、韓国政治が大混乱に陥るとは、誰も想像できなかった。

第四章

「秘線」と「ロウソク革命」

ソウル中心街で韓国の朴槿恵大統領の退陣を求めるロウソク集会の参加者。2016年12月2日（共同）

朴槿恵、凋落への引き金

白黒の映像から、目を離すことができなかった。

まだ二〇代の朴槿恵が、講堂と思しき場所で笑顔を浮かべながら手を振っている。次の場面は、床に座っている大勢の人たちの姿だ。中年の女性が多い。皆、何かに取り憑かれたかのように激しく体を揺らしたり、手を上げたりしている。

映像に音声はなかったが、皆、何か叫び声をあげているのが見て取れる。涙を拭う女性もいる。朴を、聖人として拝んでいるかのようだ。

映像は、「大韓救国宣教団」の名誉総裁として活動していた朴が教団の祈禱会に登場した際の様子を記録したものであった。

「大韓救国宣教団」の創設者は崔《チェ》太《テ》敏《ミン》という新興宗教家。映像にも映っていた。大統領にまで上り詰めた朴の凋落への引き金を引いた「国政壟断」と呼ばれた一連のスキャンダルの中心人物、崔順実は、崔太敏の娘。

映像は、KBS（韓国放送公社）のアーカイブスで保存されていた。長らく日の目を見ることはなかったが、朴と崔順実をめぐる醜聞に対する国民の怒りのボルテージが上がり続けていた二〇一六年一一月、KBSが公開に踏み切った。

「国政壟断」の報道をリードしたのはテレビ朝鮮やJTBCといった新興放送局だったので、後塵を拝したKBSとしては、新興局にはない、豊富なアーカイブスという強みを活かして巻き返しを図ろうとした。

気づくと、横にいた韓国人の同僚も、言葉を失ったようにその映像を凝視している。しばらくして、「サイビですね……」と低く呟き、目を背けた。

「サイビ」とは、韓国語で「エセ宗教」を意味する。

「国政壟断」をめぐる謝罪会見の中で、朴は、「自分がサイビに嵌まり込んでいるとか、大統領府でサイビの儀式を執り行ったなどという噂は、決して事実でない」と悲痛な表情で強調した。

そのような弁明を強いられた背景には、旅客船セウォル号が沈没した当日、彼女が七時間にわたってどこで何をしていたのか不明確だった「空白の七時間」の問題がある。ぽっかりと空いた時間帯に、「大統領は青瓦台内で崔太敏の追悼儀式を執り行っていた」というたオカルトめいた噂がネット上で実しやかに拡散していたのだ。朴は、そうした噂を打ち消そうと懸命だった。

だが、いったん広まった「サイビ」のイメージは拭いきれなかった。この頃、ソウルの街頭で市民にマイクを向けると、「自分は朴槿恵に投票したと思いきや、実際には崔順実に投票していた」、「大統領は崔順実の操り人形だった」といった答えばかりが返ってきた。

韓国のラスプーチン

朴と崔太敏の出会いは一九七四年まで遡る。

当時、朴は最愛の母を凶弾で失い、悲しみのどん底にいた。冷静な判断力を失っていたのであろう。そうした状態の朴に、崔は、「あなたの母に夢で会った。母はあなたの時代を切り開くために道を譲ったのだ」という内容の手紙を送り、言葉巧みに近づいた。

ただ、彼女の自叙伝に崔に関する記述がないこともあり、いったいどのような過程で崔に心酔するようになったのか、今なお、詳細は不明だ。韓国紙とのインタビュー等で、朴が、崔について、「苦しかった頃に精神的に助けられ、ありがたかった」と語ったことがある程度だ。

父・朴正熙大統領は、彼女が崔とあまりに頻繁に会うのを怪訝に思い、中央情報部の金《キム》載圭《ジエギュ》部長に命じて崔の身辺を洗わせた。

上がってきた報告は、実に芳しくなかった。

崔が彼女の部屋に入って一日中出てこない、あるいは、崔が大統領の娘という絶大なネームバリューを利用して企業から資金を巻き上げている、等々。

二〇一六年、改めて崔の周辺にいた人物たちを取材してみたときも、皆、口を揃えて、「彼は青瓦台に出入りするようになって、急に羽振りが良くなった」と証言した。新興宗教家の素顔は、大統領の長女を看板として利用した錬金術師だった。

情報機関からの報告を読んだ朴正熙は、娘に対し、「崔とは距離を置け」と忠告した。しかし、彼女は激しく反発。その様子について、朴正熙の側近だった金鍾泌は、「自室に閉じこもって何日も出てこなかった」と証言している。一度何かを決めると、あるいは、誰かを信じると、頑として譲らない性格は、若い頃からだったようだ。

ただ、朴槿恵が崔に取り込まれたのは、父親の朴正熙にも一定の責任がある。彼は、崔を政治的に利用したのだ。

当時、「維新体制」という独裁政治を敷いていた朴正熙に対し、韓国のキリスト教界が公然と批判を強めていた。目の上のたんこぶになりつつあった教会勢力を抑えるよう、朴正熙は崔に指示し、それが「大韓救国宣教団」の設立につながった側面がある。

青瓦台で跋扈するようになった崔太敏は、のちに「韓国のラスプーチン」とも評されるようになる。父が殺害された後、失意のうちに朴槿恵が青瓦台を去ってからも、その影は見え隠れした。一九九〇年には、朴の妹、朴槿令《パククンリョン》と、弟の朴志晩《パクチマン》は、当時の盧泰愚大統領に書簡を送り、「姉は崔太敏に操られてしまっている。助けてほしい」と訴えている。

一九九四年に崔太敏は死去。

それからは、娘の崔順実が朴からの絶大な信頼を独り占めする。

裏の参謀「秘線」

崔順実と朴槿恵の関係も、一九七〇年代まで遡る。七六年に朴がセマウム奉仕団という団体を設立すると、崔順実はその傘下の「大学生総連合会」の会長に就任した。当時の映像には、二人が親しげに言葉を交わす姿が残されている。崔順実は、短いながらもインタビューに応えてすらいる。

「セマウム」とは「新しい心」という意味。父・朴正煕大統領が推進していたセマウル運動に倣って、セマウム奉仕団をつくった。

父の運動は農村の振興という実利に重きが置かれたが、セマウムの方は、「経済の発展だけでなく、国民の礼儀や忠孝も引き上げなければならない」と訴えて、人々の内面の向上をはかろうとした。何やら精神論だ。

のちに、朴は「政治は信頼」をモットーに掲げる。実利より精神面に重きを置く姿勢は、道徳を重視する韓国社会の一般的な傾向を越えたものであったが、それを読み解く一つのカギは、やはり若い頃に傾倒した新興宗教家の影響だろう。

第一章で触れたように、二〇一六年一〇月に朴が起死回生を狙って国会で憲法改正を訴える演説をした時、すでに一部のメディアは、崔順実とはいったい何者なのか、彼女こそが朴の「秘線《ビソン》」ではないか、と追及を始めていた。

韓国で「秘線」、あるいは「秘線実勢」と呼ばれる存在は、何やら怪しさが漂う語感も相まって、「不通《ブルトン》」と並ぶ朴の不名誉な代名詞となっていた。権力者が公式の参謀陣と協議して政策決定を進めるのが表のラインとすれば、「秘線」は裏のラインだ。公式の肩書きを持たない人物が、舞台裏で権力者にアドバイスをし、往々にして自らも権力を握る。

朴に限らず、過去の大統領たちにも「秘線」は存在した。たいていは家族や縁者だった。彼や彼女らは、政策面で有意義な提案をすることはあったものの、えてして、腐敗の温床となった。

代表的な例が金泳三大統領の次男・金賢哲《キムヒョンチョル》氏だ。国政全般に深く関与しながら、青瓦台や与党の要職に自らに近い人物を送り込み、「小統領」と呼ばれるほどの権限を握った。結局、「小統領」は中堅財閥を舞台にした贈収賄事件で逮捕され、懲役二年の判決を受けた。

そうした過去の例を引き合いに出しながら、元青瓦台高官は、私に、「身内、あるいは学識経験者が『秘線』だったとしたら、さして問題はなかったのですよ」と解説した。

「米国でも、大統領の非公式なブレーン集団を指す言葉として『キッチン・キャビネット』が存在するではないですか。同じようなものですよ」。

続けて、こう嘆いた。

「しかし、崔順実は、何の専門知識もない、新興宗教教祖の娘。あまりに不適切です。国民が受けたショックは計りしれません」。

朴は、JTBCが崔のタブレット端末を入手し、青瓦台の内部資料が多数残されていたのを確認したと報じるまで、一貫して裏のラインの存在を否定し続けた。おそらくは、朴も、崔が「キッチン・キャビネット」として国民から受け入れられることは決してないと自覚していたのだろう。

結局、言い逃れできなくなって開いた謝罪の記者会見で、朴は、崔との関係について、「かつて私が困難だった時に助けてくれた縁」と告白するしかなかった。

「冷たく心変わりしていく現実」

朴槿恵の半生において、「困難だった時」には事欠かない。

まずは、崔太敏が彼女に接近したきっかけと前述したように、一九七四年八月一五日、日本の統治から解放された記念日である「光復節」の式典で演説していた父・朴正煕大統領を狙って在日韓国人の男が発砲し、母親の陸英修《ユクヨンス》が流れ弾に当たって死亡した。韓国政府は、発砲は北朝鮮からの指示による犯行だったと結論づけた。

当時、朴槿恵は二二歳。母親に代わってファースト・レディーの役割を果たすようになり、気丈に振る舞ってはいた。だが、最愛の母を失った悲しみは癒えず、崔太敏に誑《たぶら》かされることになる。

さらに、七九年、民主化を求める抗議デモが各地で激しさを増す中、今度は父が最側近であったKCIAの金載圭部長に、宴席の場で射殺されてしまう。

父の訃報を聞いた彼女の第一声が、「前線（軍事境界線）に異常はありませんか」だったのは語り草となっている。大統領殺害に乗じて、北朝鮮軍が攻め込んでくる兆しを見せていないか、即座に問うたわけだ。

しかし、本人のそうした国家への強い思いとは裏腹に、大統領の衝撃的な最期と、民主化を求める国民のうねりが重なり、父の傍にいた青瓦台高官たちは、潮が引くように朴槿恵とその妹弟とは距離を置くようになった。

自叙伝には、次のような記述がある。

「父の最も近くにいた人たちさえ、冷たく心変わりしていく現実は、私にとって衝撃だった」。

結局、父の国葬が執り行われてから、ほどなくして、朴と妹弟は青瓦台を去る。
その後、彼女が韓国の政治・社会の表舞台に登場することは、ほとんどなかった。主な活動は、故郷に近い慶尚北道にある嶺南大学の理事や、母が設立した児童福祉財団「育英財団」の理事長を務めたりした程度。久しぶりにニュースに登場したかと思えば、「育英財団」の運営をめぐり妹の朴槿令と激しい骨肉の争いを繰り広げた、といったゴシップめいた話くらい。

一方、韓国社会は、朴正熙が殺害されたあとも激動が続いた。

「ソウルの春」と呼ばれた、ごく短い民主化への希望は、七九年一二月の「粛軍クーデター」によってあえなく潰え、国軍保安司令官の全斗煥が事実上の最高権限を握ったことで、再び軍事独裁体制へと戻った。

その後も、八〇年の光州事件をはじめとする流血の民主化弾圧が繰り返された末に、ようやく八七年に民主化が宣言された。大統領は国民が直接投票によって選出することになった。翌八八年には、ソウル五輪が開催され、国際社会における韓国の存在感は飛躍的に高まった。

民主化への過程で多大な犠牲も払いながら、かつては世界の最貧国の一つに過ぎなかった韓国が、「漢江の奇跡」と呼ばれる急速な発展を遂げる中、国民のほとんどは、朴槿恵がいったいどこで何をしているのか、さして関心を持たなかった。

この時期を、彼女の「隠遁生活」と呼ぶ向きもある。本人は、自叙伝の中で、「隠居とか蟄居と思われるとき、苦笑いしてしまう。そのときも私は大韓民国の空の下で生きていたし、一日一日、一所懸命生きて行く一人の国民だった」と振り返っている。平凡な一国民になっていた、というわけだ。

ただ、自叙伝には、引っかかる記述もある。

「世間の冷たい視線と抑圧にもかかわらず、私と志を同じくする方々の真心は、決して誰も勝手に解釈できない」。

今となっては、「志を同じくする方々」が、崔太敏・順実らを指していたのは明らかだ。

セヌリ党の議員は、この「隠遁生活」の頃の朴にとって、崔父娘がどういう存在だったのかについて、こう解説した。

「彼女は子供の頃からずっと青瓦台で暮らした、お姫様なわけでしょう？ 鉄道の切符の買い方一つすら、分かるわけありませんよ。両親や青瓦台の高官たちがいなくなったあと、誰かに全面的に依存しなければ実生活は回らなかったわけです」。

それを聞いて、朴の後継者として大統領選挙に立候補すべく凱旋帰国した潘基文・前国連事務総長のことを思い出した。潘は、仁川国際空港からソウル市内へと移動する際、黒塗りの車ではなく、自分で切符を買って空港鉄道に乗った。自分は国連トップという華々しい経歴だけにあらず、庶民らしさも持ち合わせていますよ、と有権者にアピールしようとしたわけだ。

ところが、外国暮らしが長かった潘は、まさに切符の買い方が分からなかった。券売機の前でまごつく姿がテレビで延々と中継されてしまい、のっけから、「庶民とは違う世界の人」というイメージが拡散する結果となった。

保守派に対する裏切り

結局、青瓦台にいた人間たちの心変わりが深いトラウマになった朴槿恵は、苦境でも自分から離れていくことなく支え続けてくれた崔父娘を信頼しすぎてしまい、大統領に就任してからも一線を引くことができなかった。青瓦台の参謀陣よりも、崔順実を中心とする「秘線」としか意思疎通を図らない状況に陥っていく。

こうなると、「政治は何よりも信頼が重要」という朴のモットーも、別の含意があるように思えてしまう。

崔順実は、大統領からの絶大な信頼を悪用して、「国政壟断」と呼ばれることになる様々な事件に手を染めていくが、核心は、自身が関与するミル財団とKスポーツ財団という二つの財団に対し、多数の財閥等から約七〇億円の資金を拠出させ、それを流用した、というものだ。

ミル財団は、韓流音楽や韓国の食文化等を外国に広めるという趣旨でつくられた。Kスポーツ財団は、スポーツビジネスの振興が目的。朴の外国訪問時に現地で開かれたK－POPの公演や、朴もテレビカメラの前で実際に体を動かしてみせた新たな国民体操のプロデュース等を、二つの財団は受注した。いずれも文化体育観光部の所管事業。分かりやすく言えば、崔は政府の事業を「食い物にした」わけだ。

検察は、崔が、青瓦台に一〇人いた首席秘書官の中でも筆頭格だった安鍾範《アンジョンボム》と共謀して、全国経済人連合会を通じて財閥に圧力をかけた強要事件、という構図を描いた。財閥の間では、青瓦台の意向に逆らえば報復として税務調査に乗り込まれる、というのが常識であった。青瓦台に協力すれば様々な優遇措置、協力しなければ税務調査によって社内に手を突っ込まれる。朴正熙が打ち立てた、青瓦台と財閥との二人三脚による急速な経済成長「漢江の奇跡」の弊害といえる。

しかし、のちに捜査を引き継いだ特別検察官の捜査チームは、財閥側は青瓦台から圧力をかけられた被害者ではなく、実は見返りを期待していたとみなし、贈収賄事件へと構図を変えた。

狙いを定めたのは、最大財閥のサムスングループ。

李在鎔《イジェヨン》副会長（サムスン電子社長）がグループ全体の経営権を確実に継承できるよう、グループ内企業同士の合併で青瓦台から支援を受ける見返りに、賄賂を贈ったと断じた。財閥と中小企業との格差が一向に縮まらない中、そうした「政経癒着」の構図に怒りを爆発させた世論も強く意識したものだ。二〇一七年一月、特別検察官チームの広報担当者が、李副会長に対する拘束令状を請求した際の記者会見で、最大財閥のトップを拘束することが韓国経済に与える影響を問われ、「国家経済も重要だが、正義を確立することはさらに重要と判断した」と述べたのを聞き、世論に対する気負いを感じた。

いずれの構図にせよ、韓国の保守派は、新興宗教家の娘との裏の関係に続き、青瓦台と財閥との癒着に、「朴槿恵に裏切られた」という衝撃を受けた。なぜなら、崔順実をめぐる一連の事件は、過去の大統領たちの周辺で起きた不正を彷彿とさせるものであったためだ。

「帝王的大統領」の周辺に血縁者たちが群がり、大統領の威光をバックに企業から不正な資金を得る、というのは、もはや見飽きたストーリーであった。

金泳三の次男、金賢哲だけでなく、次の金大中は三人の息子がことごとく不正資金事件で起訴された。その次の李明博にしても、「万事は兄を通じる」とまで揶揄されたほど権勢をふるった実兄の李相得《イサンドク》議員が逮捕された。

最も悲劇的だったのは、やはり盧武鉉であろう。盧は、退任後、親族や側近が次々に逮捕され、自らも検察から呼ばれて事情聴取に応じた。盧を起訴すべきかどうか、検察が検討を行っていた最中の二〇〇九年五月、彼は故郷である慶尚南道の山から身を投げて、亡くなった。

このように、保守派・進歩派を問わず、歴代の大統領たちは、ことごとく身内や側近の不正に足を掬《すく》われてきた。

二〇一二年の大統領選挙で朴が勝利を収めたのは、北朝鮮をめぐる保守派と進歩派の安全保障観の違いに加えて、繰り返される不祥事に辟易としていた国民が、朴のクリーンなイメージに好感を覚えたことも大きかった。父母を凶弾で失い、妹や弟とは疎遠になり、独身で、「自分は国と結婚した」とまで宣言したのだ。

加えて、父の朴正熙は公私の区別には厳格で、身内がソウルに上京することさえ容易には認めなかったのを彼女は身近で見ていた。保守派に加えて、中間層も、朴がクリーンな大統領となることに期待したのも、無理はない。

それなのに、実は新興宗教の教祖の娘らと「疑似家族」のような関係にあり、過去の大統領と全く同じように不正が横行していたことが明るみに出たわけだ。期待が大きかった分、「裏切られた」という思いも強かった。

「帝王的大統領」の弊害

ただ、「国政壟断」をめぐって韓国メディアが毎日報じる新たなニュース（「崔順実は大統領専用機に同乗して朴の外遊にも同行した」といった誤報も少なくなかった）をフォローし、国民の驚愕ぶりを目の当たりにするうちに、一つの疑問を感じた。

朴槿恵と崔父娘の関係を、「青天の霹靂」のように伝えているが、本当にそうなのか。数は少なかったとはいえ、先述のように、朴自身がメディアで崔太敏への感謝の念を示したことはあった。あるいは、「育英財団」の運営に関して妹と揉め、理事長職を辞する羽目になったのも、財団の顧問という立場にあった崔太敏が私腹を肥やしていると財団職員たちが強く反発したことが引き金であった。

かつて「大韓救国宣教団」の名誉総裁として活動した彼女の映像も保存されていた。一九七九年一〇月、朴正熙を射殺した中央情報部長の金載圭は、犯行の動機の一つが、崔太敏を朴槿恵から遠ざけるように進言したものの聞き入れられなかったことだったと供述したと伝えられている。

まだある。

「隠遁生活」を終えて政界入りした朴が、徐々に大統領の座を視野に入れるようになると、「朴と崔太敏の間には隠し子がいる」という噂まで流れたのだ。激怒した朴は、「自分がその隠し子だという人物がいるなら、私はいつでもDNA鑑定を受ける用意がある」と言い切り、事実無根だと強調した。

さらに、大統領に就任後も、二〇一四年に大統領府から機密扱いの文書が流出した事件が起きた。この際、取り調べを受けた行政官が、「この国における権力の順位は、鄭允会《チョンユンフェ》(崔順実の夫)が一位、崔順実が二位、朴槿恵大統領は三位」とまで述べたことが明らかになったのだ。しかし、メディア各社はその証言をサラッと伝えただけで、さして裏付け取材はしなかった。せいぜい、鄭允会が大統領の「秘線」か、とゴシップめいた憶測記事を流した程度だった。

こうして振り返ると、ヒントは多かったことが分かる。朴が謝罪会見で崔との関係を認めると、「崔順実パニック」という見出しを一面トップに掲げた新聞もあったが、青瓦台の高官やセヌリ党幹部が朴を諫めるとか、メディアが本当の「秘線」は誰なのかを追及するとか、「パニック」が起きる前に打てる手は何かしらあったはずだ。

それができなかったのは、ひとえに、「帝王的大統領」の弊害であろう。とりわけ、強大な権威を持つ任期前半は、誰も大統領の首に鈴をつけられないわけだ。

경향신문

kyunghyang.com

대한민국 '최순실 패닉'

박 대통령 "최순실 도움 받았다" – 비선 국정농단에 "이게 나라냐" – 정치권 "특검해야"

박 대통령 '비선 최순실' 인정

大韓民国「チェ・スンシル　パニック」という一面トップの見出しの新聞（京郷新聞）

韓国外交部の関係者によれば、朴は外国を訪問する際は、必ずホテルの部屋に幅が二メートル近くもある大型の鏡があることを要求した。そのような大型の鏡がない場合は、現地の大使館員が特別に制作してもらうために奔走したという。特注の鏡は、一度の外国訪問のあと、たいていは使い道がなくなった。

また、放送局の中には、朴が一九七〇年代の歌謡曲が今でも好きと聞くや、夜一〇時台にそうした懐メロばかりを演奏する番組を編成した。青瓦台にいる朴に見てもらうためだ。

こうした「帝王的大統領」への過剰な忖度は、朴に限った話ではなく、保守派も進歩派も、さして変わりはない。

しかし、総選挙でセヌリ党が予想外の大敗を喫し、「帝王」の威光に陰りが差し始めると、途端に醜聞も露呈し始めた。知られていなかった秘密が明るみに出たというより、薄々は知られていた怪しげな裏のラインの存在を追及されるのを、朴が抑え込めなくなったと理解した方が正確であろう。過去の大統領たちのスキャンダルも、たいてい、任期の後半から終盤にかけて噴出している。

そして、朴の凋落は、すなわち、進歩派による「革命」へとつながる。

朴の退陣を求める「ロウソク民心」

二〇一六年一二月一〇日、土曜日。

この日の夜も、ソウル中心部、景福宮の正門、光化門から市庁まで南へとまっすぐ伸びる光化門広場は、群衆でぎっしり埋まっていた。氷点下の寒さをものともせず、人々は冷え切ったコンクリートの上に座り込み、「国政壟断」に対する怒声をあげ続けていた。

人々の手には、ロウソクをかたどったＬＥＤランプ。設置された舞台では、若者らが代わる代わる朴槿恵を糾弾する演説をし、あるいは崔順実を揶揄する歌を演奏した。夜が更けても無数のランプが灯されている様子は、壮観であった。

土曜日ごとに光化門広場で開かれるようになったロウソク集会は、この日で七週連続となっていた。参加者の数は、警察の発表で、推定一二万人。

この前日の金曜日、汝矣島にある国会では、朴の大統領としての職務停止が可決された。

進歩派の最大野党「共に民主党」をはじめとする野党三党と一部の無所属議員が弾劾訴追案を共同で提出していた。ただ、野党勢力は一七二人。弾劾訴追案が可決されるには、三〇〇人の議員のうち、三分の二、二〇〇人以上の賛成が必要だった。つまり、保守派の与党・セヌリ党からも一部の議員が賛成に寝返ることが不可欠であった。国会の内外で、連日、野党側や国民が賛成票を投じるよう、与党に圧力をかけていた。

結局、蓋を開けてみれば賛成は二三四票にも達した。セヌリ党からの「大量造反」であった。大統領の職務停止案が可決されたのは、二〇〇四年の盧武鉉以来、二度目。

大統領の職務を代行することになった黄教安首相は、「北朝鮮が挑発を仕掛ける可能性が高い」という考えを示し、軍に警戒を強めるよう指示した。また、野党に対しては、混乱に歯止めをかけるために、政治闘争を中断し、協力をするよう呼びかけた。

しかし、勢いに乗る進歩派の野党は、黄からの誘いを一蹴した。

土曜の光化門広場の大群衆も、朴が職務停止になったことで満足などしていなかった。むしろ、そのような状態で青瓦台に居座ることになったことが許せないとして、即刻、辞任するよう要求し続けていた。

一部の人々は、青瓦台まで一〇〇メートルほどしか離れていない場所まで行進して、朴は青瓦台から出てきて検察に自首しろとシュプレヒコールをあげた。青瓦台の敷地の奥まったところにある公邸にも、群衆の叫びは確実に届いていた。

朴の退陣を求める世論は、いつしか、「ロウソク民心」と呼ばれるようになった。光化門広場だけでなく、韓国各地で朴の退陣を要求する抗議集会の規模は、週を追うごとに膨れ上がっていった。民主労総を軸とした進歩派勢力は、スピーチや演奏のための舞台設営などを担い、傘下の労組を動員した。労組は、朴退陣だけでなく、例えば、給与における成果給の割合拡大への反対など、「国政壟断」とは関係ない主張も展開させた。

数多くの屋台も出たロウソク集会

しかし、世界が驚くほど集会が膨れ上がったのは、そうしたコアな労組メンバーが張り切ったためというより、日頃は労組とはさして接点がない学生や家族連れが大挙して参加したことに負うところが大きい。

集会の傍には、屋台が並び、「トッポギ」と呼ばれる餅、おでん、串焼きなどが飛ぶように売れた。ロウソク型のLEDを売る業者も荒稼ぎをした。

ベビーカーに幼子を乗せて参加する若い夫婦の姿もよく見かけ、要求の厳しさとは裏腹に、集会に入ってみると、そこは週末の娯楽の一つといった牧歌的な雰囲気であった。

文在寅にとっても挽回のチャンス

一方、朴槿恵追い落としの機運が高まるのとは対照的に、いや、だからこそ、北朝鮮の軍事挑発はピタリと止まった。挑発をすれば朴が強硬な対抗姿勢を打ち出し、それが支持率回復につながるという、いわば敵に塩を送るようなことにしかならないことを北朝鮮が学んだのだ。そこで、今は静かにした方が朴の弾劾・罷免を後押しできると判断したのは間違いなかった。韓国人の同僚は、「今ほど国が安全だと感じた時期はありませんね」と笑った。

北朝鮮としては、朴が退場するだけでなく、自分たちに融和的な進歩派政権へと交代することを望んでいた。北朝鮮は、しばしば、国営メディアを通じて南の人々に「立ち上がって独裁者を追放すべし」と呼びかけてきたが、まさに、「国政壟断」は千載一遇のチャンスとなった。北朝鮮にとって、崔順実は救世主のように映ったかもしれない。

土曜日ごとの抗議集会には、進歩派の有力政治家たちも参加し、群衆に混じって広場に座り込むようになった。その筆頭は、四年前の大統領選挙で朴に敗れた文在寅。

文在寅は、大統領選での敗退後、一時期、「共に民主党」の代表を務め、また、再度の大統領選挙出馬に前向きな姿勢を示していた。だが、客観的に見て、政界の中で彼が大きな存在感を示していたとは言い難い。登山が趣味の文在寅は、この年の六月、ヒマラヤ登山に出かけ、その様子を撮った写真をSNSに掲載したりした。

政界の中心から離れ気味になっていた文在寅にとっても、「国政壟断」は、降って湧いたような挽回のチャンスとなった。彼は光化門の集会で演壇に立ち、朴に辞任を迫り、国の再生を訴えた。

とりわけ、国会での弾劾議決案可決が現実味を帯びてくると、文在寅は、憲法裁判所での審議を待つことなく朴は自発的に辞任すべきだと主張した。韓国の国会法では、大統領が弾劾されて職務が停止された場合、辞任が可能なのかに関しては曖昧な記述しかない。かつて弁護士であった文在寅は、「憲法学者の間で意見の違いはあるが、私は弾劾可決後も辞任できると考える」と強調した。

実際には、法曹界でそうした解釈には否定的な見解が優勢だったのだが、大統領選挙を見据えてのアピールとしては、一定の効果があった。

命運が憲法裁判所の判断に委ねられることになった朴とは対照的に、次第に存在感を増してきた文在寅は、国民に「ロウソク革命」を起こそうと訴えていく。

年が明けて、光化門での抗議集会の規模は、主催者側が「一〇〇万人」と主張するほどにまで膨れ上がった。

「怒れる韓国人」たちの謎

光化門広場の怒れる群衆を日本でテレビを通じて目の当たりにした知人たちから、しばしば、「なぜ韓国の人たちは、あれほど怒っているの?」と訊かれた。その問いかけには、韓国とは対照的に政治に冷め気味の日本と比較して一種の羨望も混じってはいた。ただ、まずは、「一連のスキャンダルは、あそこまで怒って大統領を追い落とさねばならないほどの事件なのか」という素朴な疑問であった。

実際、韓国政府高官は、この頃、「国政壟断」の実態について、こう呻いた。

「ええ、確かに崔順実とその一味は文化体育観光部の事業を食い物にしましたよ。しかし、そうした事業の規模は、政府全体の活動内容からみれば、一%にも満たない。それなのに、崔順実という人物の怪しさゆえに、前代未聞の大事件であるかのように断罪されました」。

「怒れる韓国人」たちの謎を理解する上での鍵は、いくつかあると思う。

まずは、「成功体験」。

少し長くなるが、現在の「第六共和国憲法」の前文は、韓国の姿を、こう定義している。

「悠久の歴史と伝統に輝く我が大韓民国は、三・一運動により建立された大韓民国臨時政府の法統、及び、不義に抗拒した四・一九民主理念を継承し、祖国の民主改革と平和統一の使命に立脚して、正義、人道、及び同胞愛により民族の団結を強固にし、全ての社会的弊習と不義を打破し、自律と調和を基礎として自由民主的基本秩序を一層確固にして、政治、経済、社会及び文化の全ての領域において各人の機会を均等にし、能力を最高度に発揮させ（以下略）」。

「三・一運動」は、日本の統治に対する抵抗運動。「国政壟断」に対する抗議集会につながるのは、「四・一九民主理念」のほうだ。民衆が流血の抗議デモを通じて初代大統領の李承晩を権力の座から引きずり下ろした歴史を指す。

李承晩は、朝鮮半島の日本統治期に中国・上海で結成された「大韓民国臨時政府」で「初代大統領」に選出された。そうした一種の正統性に加え、米国からの後押しを受けて、解放後の韓国で政治の中心に立ち、一九四八年に建国を宣言した。「建国の父」とも呼ばれる。

しかし、李は、次第に独裁的な色合いを強めていき、しまいには終身大統領となるのが当然だと考えるようになった。それを実現させる上では、壁があった。朝鮮戦争が勃発する直前の一九五〇年五月に実施された国会議員選挙で、李の与党「大韓国民党」が惨敗を喫し、少数与党に転落していたのだ。当時、大統領は国会での間接選挙で選ばれる仕組みだった。

国会で勝負しても勝ち目がない李は、大統領の選出方法を国民の直接選挙へと転換すべしという結論を出した。反対する野党議員を弾圧し、力ずくで憲法を変えてしまった。

さらに、一九六〇年の大統領・副大統領選挙で、李は大規模な不正工作を指揮した。当時、八四歳という高齢であった李にとっては、自身の大統領の座を守ることに加え、後継者を確立させる意味で、副大統領も与党が押さえることが必要だと考えたのだ。

しかし、この不正選挙に、国民の堪忍袋の緒が切れた。

六〇年四月、李への抗議デモが各地で吹き荒れ、四月一九日にはデモ隊が青瓦台に突入。警察が発砲し、多数の死傷者が出る事態になってしまった。

年老いた李は国民の怒りに屈し、辞任を宣言する。その後、李はハワイで亡命生活を送り、六五年に亡くなるまで、再び韓国の地を踏むことはなかった。

李の下野・亡命は、「四・一九」、あるいは「四月革命」と呼ばれ、韓国における「広場民主主義」の最初の勝利となった。現在の憲法の前文には、「建国の父」を国民が大統領の座から追い落とした歴史が誇らしく記されているわけだ。

その後も、韓国は「光州事件」等でもがき続けた末に、八七年、民主化を達成した。

二〇一六年から翌一七年にかけて朴を追い込んだ大規模なロウソク集会は、日本から見れば驚きと違和感が強くても、なにしろ、韓国の人々は「建国の父」をも引きずり下ろした歴史があるのだ。朴槿恵を熱狂的に支持する保守派を除けば、人々の間でロウソク集会に参加する上での心理的なハードルは低い。

ロウソク集会は、幸い、過去の民主化闘争のように流血の惨事とはならなかった。しかし、歴史を踏まえたとき、セヌリ党の「親朴」議員たちの一部でさえ、光州事件の再来のような事態を恐れ、国会での弾劾訴追案をめぐる投票で賛成に回った。

なお、「四月革命」は、「未完の革命」とも呼ばれる。李承晩の下野と亡命からほどなくして、軍部がクーデターを起こして権力を掌握したためだ。クーデターを主導したのは、朴槿恵の父親、朴正熙。進歩派から見れば、ロウソク集会は、半世紀以上の時間を超えて「四月革命」を完成させるような意義もあった。

「金の匙、泥の匙」

もう一つ、韓国の人たち、とりわけ若者たちの激しい怒りを理解する上で欠かせないのは、厳しい競争社会、格差社会に対する疲弊感だ。

ソウルを流れる漢江のすぐ南に位置する鷺梁津《ノリャンジン》。ここには、日本統治下の一九二七年に開設された「京城市場」を前身とする巨大な水産市場があることで知られる。卸売業者の人たちに頼むと、目の前で新鮮な魚を手際よくさばいてくれ、それを市場内の食堂に持っていけば、刺身や「チゲ」と呼ばれる鍋料理（たいてい辛い）に仕上げてくれるので、観光名所でもある。

しかし、近年、鷺梁津といえば、水産市場よりも、就職予備校と、予備校で学ぶ若者たちが暮らす「考試院《コシウォン》」と呼ばれる狭いアパートが集中する街、というイメージの方が強い。

再び韓国憲法の前文。そこには、「政治、経済、社会及び文化の全ての領域において各人の機会を均等にし、能力を最高度に発揮させ」と定められている。

現実は、そうした理想とは程遠い。

私がソウルに赴任した頃に流行していた言葉の一つが、「金の匙、泥の匙」であった。欧米の諺からとったもので、赤ん坊が離乳食を食べる匙の材質を見れば、その子がどのような人生を歩むことになるのか、初めから分かるという比喩だ。大富豪の子は金の匙で食べ、庶民の子は木の匙や泥から作った匙、というわけだ。

韓国の諺にも、「家紋のおかげで持てなしを受ける」がある。日本語に訳すなら、「親の七光り」か。

「漢江の奇跡」をもたらした財閥の功績は認めるべきではあろう。しかし、財閥系大企業に勤める親のもとに生まれた子と、それ以外の大多数の庶民の子とでは、進学や就職、そして結婚に至るまで、初めから勝負はついてしまっている感が強いのは確かだ。憲法が謳う「各人の機会の均等」など、絵に描いた餅だという不満が若者たちの間で渦巻いていた。

朴が二〇一二年の大統領選挙で訴えたスローガンに、「経済民主化」があった。格差の縮小に取り組むという意味だが、大統領に就任するや、「経済民主化」は口にしなくなった。選挙中、政策ブレーンの一人として「経済民主化」を彼女に諭した経済学者は、呆れて朴の元を離れた。「初めから格差縮小に力をいれるつもりがなかったのでしょう」とその学者は振り返った。

選挙公約を守ろうとしない態度への批判があったところに、崔順実が大統領との親密な関係を武器に娘を名門の梨花《イファ》女子大学に押し込んだことが判明した。しかも、娘がフェイスブックに「親の金も実力のうち」と書き込んでいたことがメディアで報じられ、鷺梁津で「考試院」に泊まり込みながら就職のために猛勉強をしている若者たちの怒りは爆発した。

なお、乗馬選手でもあった崔の娘は、梨花女子大学に不正な方法で入学した際、未成年であった。このため、韓国メディアは、当初は彼女の名前は伏せ、映像や写真も顔にモザイクをかけるという配慮をした。しかし、次第に各メディアはなし崩し的に実名を報じるようになり、モザイクも消えた。

その変化の背景には、どういう判断があったのか、ガイドラインのような基準に照らしたのか、複数の放送局の記者に尋ねたが、返ってきた答えは、「他社がどうするかを横目で見て、『他も実名報道に切り替えたから我々も』という空気感で決まった。基準など、あって無きが如し」と自嘲気味であった。

さらに、検察にいたっては、娘を実名で記者発表し、その是非を問われると、「不正入学当時は未成年であったとしても、現在は成人なので、実名での発表は問題がない」と開き直る有様であった。

メディアも検察も、「崔順実パニック」で完全に冷静さを失っていた。

「広場民主主義」の功罪

国民が街頭に出て権力と対峙し、流血をも乗り越えてトップを追い落とし、民主化を達成してきた韓国の近代史。そして縮まらぬ格差に対する憤り。こうした要因を背景にした「広場民主主義」は、韓国のダイナミズムを象徴している。ロウソク集会を取材していて、政治に冷めている日本は、見習うべきところもあると感じた。

一方で、激しい「南南葛藤」や、世界的に広がっているフェイクニュースの問題を考えると、「広場民主主義」が単なるポピュリズムと紙一重だというリスクも認識した上で、政治に対して積極的に声を挙げるべきだとも思う。

韓国での例を挙げてみたい。

保守派の李明博政権が発足してほどなく、やはりソウル中心部ではロウソク集会が繰り返し開かれ、若者たちは李の退陣を要求した。怒れる理由は、李政権が締結した米国とのFTA（自由貿易協定）によって輸入が拡大した米国産牛肉の安全性に、疑問が提起されたことだ。食べるとBSE（牛海綿状脳症）に感染する恐れがあると警鐘が鳴らされたのだ。

火付け役は、地上波放送三社のうちの一つ、MBCテレビ。人気情報番組「PD手帳」が、ヨロヨロと歩いたあとにバッタリ倒れる牛の映像を放送し、「米国産牛は危険」という印象を一気に広めた。さらに、「韓国人は西洋人よりBSEに弱く、感染した場合の発病率は九四％」と伝えたのだ。

反響は絶大であった。他のメディアも追随するキャンペーンを展開し、ロウソク集会に参加した女子高生らが、「私はまだ死にたくない！」と泣き叫ぶ様子が大々的に伝えられた。李政権は危機感を覚えた。

ところが、発端となった「PD手帳」の報道は、現在でいえばフェイクニュースであった。

「ヨロヨロと歩き、倒れる牛」の映像は、ＢＳＥを発症した米国産の牛ではなかった。米国の動物愛護団体が制作した映像で、問題の牛はＢＳＥとは無関係。番組の中で英語の誤訳も六か所指摘された。そして、韓国人が体質的に西洋人よりＢＳＥに弱いというのも、科学的な根拠がなかった。

こうした杜撰な報道内容が明らかになるや、保守派のメディアを中心にＭＢＣに対する批判が沸騰し、放送局を監督する放送通信審議委員会は、ＭＢＣに対して視聴者への謝罪を求める懲戒処分を言い渡した。ＭＢＣ社長は処分を受け入れ、放送の中で「視聴者の皆様に心配をかけたことを心からお詫びする」と謝罪した。

これにより、ＢＳＥをめぐるロウソク集会は収束に向かった。

各国共通のフェイクニュース

もう一つ、私がソウル駐在中に起きたのが、「江南《カンナム》通り魔殺人」の騒動だった。

二〇一六年五月、ソウルを代表する繁華街の一つ、江南の商業ビルで、深夜、二〇代の女性が刃物で刺されて死亡する事件が起きた。犯人は三〇代の男。両者に面識はなく、通り魔殺人であった。

警察に対し、男は、犯行の動機として、「女性たちは俺を遅刻させるため、わざと俺の前でゆっくり歩く」といった供述をした。明らかに被害妄想であった。

　しかし、この供述が大きな反響を呼んだ。

　単なる通り魔事件ではなく、「女性だから殺されたのだ。韓国社会にはびこる男性優位、女性嫌悪の風潮が殺人まで引き起こしたのだ」という解釈が広がったのだ。

　一部の若い女性や女性団体が発信したそうした主張が、ネットを通じて瞬く間に拡散した。メディアも追随し、「女性嫌悪」はしばらくの間、最大のトピックになった。

　しかし、犯人の男は精神病院に六度も入院した過去があり、この年の一月からは精神科の医師が指導していた薬物治療を自分で中断してしまっていた。警察はこうした事実を早い段階から発表していたのだが、ほぼ黙殺された。いったん火がついた「女性嫌悪」というキャッチフレーズと、それをめぐる激しい論議が広がり続けた。

　事件現場に近い地下鉄の江南駅の入り口には、連日、被害者を追悼する人たちが集まり、花やメッセージカードを置いた。そこに書かれた文章の大半は、「韓国は男だけが安全だ」といった、「女性嫌悪」の風潮を糾弾する内容であった。

　機を見るに敏な政治家たちも、この社会現象に加わり、その中には文在寅もいた。彼は、江南駅に「生まれ変わったら男になりたい」というメッセージがあったことにツイッターで触れ、「悲しい。(男として)申し訳ないです」と発信した。

次期大統領選挙への出馬意欲を示していた朴元淳《パクウォンスン》ソウル市長も、江南駅を訪れ、「これ以上、嫌悪犯罪が起きないよう、病んでいる世の中を正していきたい」とツイッターで述べた。

どちらも、間違った土台の上に立った政治的パフォーマンスであった。

騒ぎがあまりに大きくなり、さすがに、「韓国社会における女性嫌悪が引き起こした殺人」という主張に男性たちが反論し始めた。非常に不幸な事件ではあるが、警察が説明しているように、精神を病んでいた人物による通り魔殺人ではないか。なぜ、それが韓国の男性全体の問題へとすり替わってしまうのか、と。

江南駅には、もう我慢ならんとばかりに頭に血が上った男性たちが押しかけるようになり、「女性嫌悪」との訴えを崩さない女性たちと罵り合った。

この騒動について、ネット上では、「女性嫌悪」だと声高に主張する女性や女性団体の背後には、親北朝鮮の極左勢力がいるという主張も広がり始めた。「パルゲンイ」というお馴染みの言葉も溢れた。

結局、人々は、少しずつ、警察が当初から明らかにしていた男の精神疾患の罹患というファクトに着目するようになり、いつしか事件は忘れ去られた。

若い世代がテレビのニュースを見ず、新聞も読まず、もっぱらネットで情報を得ようとしてフェイクニュースに感化されるのは各国共通の現象であり、私を含めて、既存メディアに所属する人々にとっては大いなる悩みだ。

米国で、トランプ大統領の支持者たちがトランプに批判的な情報には一切触れようとせず、賞賛するニュース（フェイクニュースも含めて）ばかりを見たり読んだりして米国の分断が深まっている。韓国も、全く同様に、保守派も進歩派も自分たちへの批判や不都合な情報には耳を貸そうとしない。

さらに、韓国の場合、国の安全保障にかかわる北朝鮮の存在が重くのしかかるだけに、より一層、ネット上に溢れる情報の真偽を見極める力が重要になっている。

憲法の上に「国民情緒法」

「七対一で棄却でしょうな」。

二〇一七年三月、朴槿恵の主任弁護人は、電話の向こうで、憲法裁判所は朴の弾劾訴追案を退けるだろうと自信たっぷりだった。憲法裁の八人の裁判官のうち、弾劾妥当という判断を示すのは一人だけ、残る七人は「理由がない」と結論づけて、朴は職務に復帰する、というシナリオを披露した。

八人のうち三人が弾劾に賛成しなければ、つまり、大統領・弁護側から見て「三対五」

で弾劾は棄却される仕組みだ。一般的には、果たして三人も裁判官が弾劾に反対するだろうかという疑問が広がっていた中、「七対一」とは、随分な自信だ。

「弾劾を認めるであろう一人」と弁護人が名指ししたのは、憲法裁が親北朝鮮の極左政党、統合進歩党の解散を決めた際に唯一反対意見を表明した裁判官であった。「彼は筋金入りの進歩だから、仕方ない」と。

弁護人は、事実関係をめぐる争いよりも、「保守か進歩か」という、いつものフレームで憲法裁の審議を捉えていたことが強く印象に残っている。

そうした弁護人の予想を踏まえてかどうかは不明だが、セヌリ党議員によれば、三月一〇日の憲法裁の決定を前に、青瓦台は密かに大きなケーキを注文したという。朴の職務復帰を祝う準備だった。

一方、進歩派は憲法裁の近くまで行進を繰り返し、必ず朴を罷免するよう要求した。文在寅は、光化門広場での演説で、「万が一、憲法裁が朴を罷免しなければ、もはや革命を起こすしかない」と気勢を上げた。

またもや、革命だ。

文在寅がどういう意図で革命という言葉を使ったのかは判然としなかったが、保守も進歩も、憲法裁が自分たちの望む判断を示さなければ不服従を決め込んでいた。

憲法裁が決定を下すのを前に、私はある法律事務所で開かれた勉強会に参加した。ベテラン弁護士が憲法裁の歴史や仕組みを一通り説明したあと、一呼吸置き、「憲法裁の裁判官たちも、ロウソク集会が怖いですからね。罷免を認めると思いますよ」とこともなげに述べたのには驚いた。

実際のところ、憲法裁の審理は刑事裁判とは異なるし、そもそも、朴の弾劾に関しては、刑事裁判での判決が出る前に憲法裁は判断を出すことを決めた。憲法裁は、一つ一つの証拠を吟味するのではなく、社会情勢や時代の流れを踏まえて、憲法の下での秩序を保つためには、どう判断すべきかを検討する。

もとより、韓国では、「憲法の上に『国民情緒法』がある」と言われてしまうように、世論の推移は憲法裁を含めた司法の判断に少なからぬ影響を与える。だからこそ、保守も進歩も公然と圧力をかけるような言動を繰り広げ、気にくわない判決でも尊重する、という姿勢は見せない。

各種の世論調査で、朴の弾劾に賛成は七〇％を超え、進歩派が有利なうちに憲法裁での審理は進んだ。

「大統領・朴槿恵を罷免する」

迎えた三月一〇日。

ソウル・景福宮から近い憲法裁の周囲に、警察は防波堤のようにバスを数十台も並べるという厳戒態勢を敷いた。朴の弾劾は絶対に認められないとする熱狂的な支持者、「パクサモ（「朴槿恵を愛する人たちの集い」を意味する）」たちが逆上して憲法裁になだれ込む事態を防ぐためだ。

もちろん、弾劾請求が棄却されれば、進歩派が激怒することが予想されたが、毎週土曜日のロウソク集会でさしたる暴力沙汰が起きていなかったことを考えれば、戦闘的な言葉遣いが目立つ「パクサモ」たちへの警戒の方が強かった。そうした人たちの大半は、五〇代以上の年代で、北朝鮮のことを悪魔呼ばわりする。

テレビ各社は、早朝から「国政壟断」の経緯や、憲法裁での歴史的な決定言い渡しに関する特別番組を編成し、法廷からの映像も生中継された。ただ、法廷に朴の姿はなかった。

午前一一時、裁判官たちが入廷。憲法裁の所長権限代行、李貞美《イジョンミ》裁判官が宣告を読み上げ始めた。

職権乱用に関して、「証拠が不足している」。

言論の自由の侵害も、「証拠がない」。

セウォル号の「空白の七時間」に関しても、「弾劾の理由にあたるかどうか判断の対象にならない」。

予想外の展開であった。私や韓国人の同僚たちは、思わず、「これは棄却か？」と声を挙げた。

しかし――。

「崔順実被告の国政介入容認等において、朴氏は崔被告の利益のために大統領の地位と権限を乱用、憲法等に違反した」。

ここから、宣告内容は、弾劾・罷免に向かって一直線だった。

「朴氏の憲法と法律に違反した行為は、その在任期間全般にわたって持続的に行われ、国会やメディアの指摘にもかかわらず、事実を隠蔽し、関係者を取り締まった。このような行為は、代議民主制の原理や法治主義の精神を棄損した」。

「朴氏を罷免することで憲法を守護する利益が圧倒的に大きい」。

そして、李裁判官は、なぜかチラリと法廷内の時計を見上げてから、主文を言い渡した。

一一時二一分だった。

「大統領、朴槿恵を罷免する」。

結果は、大統領・弁護側から見て「〇対八」。裁判官全員が一致して罷免に値すると判断したのだ。韓国の憲政史上、初めて現職の大統領が罷免された瞬間であった。

北朝鮮メディア、異例の速報

憲法裁の外では、懸念された通り、「パクサモ」の人たちが逆上した。警察官や警察のバスに激しくぶつかり、取材中のメディアをも襲った。共同通信の韓国人カメラマンが集団に殴られ、頭にケガをした。結局、警察との衝突で二人が死亡、三〇人以上がケガをして病院に送られた。

北朝鮮の国営メディアは、憲法裁の宣告から約二時間半後に罷免の決定を伝えた。かの国としては異例の速報だ。朴にはたびたび圧迫を受け、「木棺地雷」爆発をめぐっては屈辱的な謝罪に追い込まれただけに、北朝鮮指導部がこの日の宣告に歓声を挙げたのは想像に難くない。

翌日の夕方、朴は青瓦台を去り、江南にある私邸に戻った。その際、近い議員を通じて、「大統領の使命を完結できず、申し訳ない。全ての結果は自分が負っていく。時間はかかるだろうが、真実は必ず明らかになると信じている」というコメントを出した。やはりというべきか、国民に直接語りかけることはなく、最後まで「不通」ぶりを露わにした。

一方、北朝鮮での韓国との窓口機関の一つ、「民族和解協議会」は、前日よりさらに踏み込んだ立場表明をした。開城工業団地の操業中断、米国の迎撃ミサイルシステムTHAADの配備、そして日本とのGSOMIA締結等、朴の対北強硬姿勢の措置を並べ立てて非難した。その上で、韓国国民に、「まだ始まりに過ぎない。統一し、繁栄する明るい未来を切り開くために力強く闘うべきだ」と呼びかけた。

実に正直に、進歩派が大統領の座を奪還することを期待していることを表明したのだ。

「北風」にも負けず

大統領選挙では、潘基文・前国連事務総長が鉄道の切符の買い方が分からなかったことを皮切りにメディアから揚げ足を取られ続け、早々に撤退した。このため、ロウソク集会で存在感を高めた文在寅が大きくリードした。

党内の「競選」と呼ばれる予備選挙も、初戦の光州で文在寅が勝利を収めたことで、あっさりと勝負はついた。

一方、セヌリ党から名称を「自由韓国党」に変更した保守派は、洪準杓《ホンジュンピョ》（慶尚南道知事）を大統領候補に立てた。遊説で、洪は、「文在寅に一票を投じることは、金正恩に一票を投じるのと同じだ」と煽った。文在寅は北を「主敵」と呼ぶことを拒み、韓国の安全保障のためには南北首脳会談も行う用意があると表明したのを、洪は保守派の危機感を高めることに利用したのだ。

二〇一七年四月、米国のトランプ政権が、シリアのアサド政権が化学兵器を使用したとしてシリアに巡航ミサイルを撃ち込んだのも、保守派にはプラスに作用した。なぜなら、「シリアの次は北韓だという予告ではないか?」という懸念が韓国国内で高まったのだ。伝統的に米国との関係が良好な保守派のほうが、そうした万が一の事態に適切に対応できるのではないかと考える有権者は多い。

これは、韓国の過去の選挙で何度もみられた、北朝鮮をめぐる軍事的な脅威が選挙戦に影響を与える「北風」と呼ばれる現象だ。

選挙戦は、「国政壟断」の総括として始まったはずが、いつの間にか北朝鮮をめぐる「南南葛藤」へと転換した。自由韓国党の幹部は、「狙い通りです。国民はもう崔順実のことを忘れ始めましたよ」と安堵感を示しもした。

しかし、最終的には、朴と崔との「サイビ」を思わせる怪しげな関係や、醜い党内抗争に明け暮れた旧セヌリ党の体たらくが完全に忘れられるはずもなかった。保守派の分裂もあり、洪の追い上げには限界があった。

二〇一七年五月九日、投票日。

午後八時に投票が締め切られると同時に、KBSをはじめとする地上波放送局三社の合同出口調査の結果が、選挙特番の派手な演出で紹介された。文在寅が四一・四％、二位の洪準杓が二三・三％。この大差を受けて、それから一時間もたたないうちに文在寅は国会内で事実上の勝利宣言をした。

午後一〇時半ごろから各メディアが文在寅の「当選確実」を伝えたところで、文在寅は、朴槿恵退陣を訴えるロウソク集会が開かれ続けた光化門広場に向かった。大統領選挙での勝利は、「ロウソク革命」の完遂であった。

国民に向けて、彼は高らかに宣言した。

「偉大な国民の偉大な勝利だ。明日から私は国民全員の大統領になる。私を支持しなかった人のためにも仕える、『統合大統領』になる」。

進歩派の価値観を体現する存在といえる文在寅だが、大統領に就くからには、保守派にも一定の歩み寄りをし、葛藤をやわらげる決意表明に聞こえた。

そのような感想を韓国人の同僚に話したが、同意は得られなかった。

第五章

文在寅政権が起こした地殻変動

――保守派打倒の永続化

大統領当選から一夜明け、住民らと握手する文在寅大統領。
2017年５月10日（共同）

「積弊清算」という大義

「統合大統領」を標榜した文在寅。就任宣誓の演説では、「分裂と葛藤の政治も変えていく。保守、進歩の葛藤は終わらなければならない」と言い切った。

だが、実際には、「積弊清算」という大義を掲げて、躊躇うことなく保守派をつぶしにかかった。

就任から二日後の二〇一七年五月一二日。文在寅は、光州事件の犠牲者を追悼する「君のための行進曲」を、「斉唱」の対象に定めるよう指示した。第二章で紹介したように、朴政権下では、「行進曲」を政府主催の式典で参加者が全員で歌うよう定める「斉唱」とするのか、それとも歌いたい人だけが歌うのか、大きな論争となった。結局、追悼式典で政権を代表して出席した黄教安首相は口を固く閉じたままで、それが韓国の葛藤の一つの象徴となったわけだが、文在寅は、それは許さないと宣言した。

「君のための行進曲」の「斉唱」指定に対して、野党に転落した自由韓国党（旧セヌリ党）の院内報道官は、「国民の生活と関係がない、両陣営が激しく対立する事案を、政権の発足直後に推進するのは適切なのか」と強く反発した。両陣営にとって、「たかが歌」では済まされないのは、それだけ光州事件が残した傷跡が深いことの裏返しだ。

「斉唱」の決定もあり、二〇一七年五月一八日の追悼式典は、過去一〇年近い保守政権下よりも規模は拡大し、当然、新大統領の文在寅も出席した。

私も光州の「国立五・一八民主墓地」に取材に行った。季節外れの暑さの中、大統領や閣僚たちは、一般の参加者たちと共に、額に大粒の汗を浮かべながら、「行進曲」を歌い上げた。

式典で事件の遺族が家族への追悼文を読み上げると、文在寅は涙を流し、遺族を抱擁した。

そして、こう力説した。

「自分の政権は、光州民主化運動の延長線上にある。一九八〇年に光州で民主化を守った人々の精神は、朴槿恵大統領の退陣を求めたロウソク集会で復活した」と。

文在寅の演説を追悼式典会場で聞きながら、一種の地殻変動が始まったのを実感した。朴槿恵は、統合進歩党を解散に追い込み、国の主導権は保守派が握っていると見せつけた。

対する文在寅は、民主化弾圧の象徴である光州において、凱旋を祝うかのように「行進曲」を高らかに歌い、進歩派が主導権を奪還したことを見せつけた。

光州事件の再調査

もともと、光州事件に対する文在寅の思い入れは強い。

司法試験の二次試験を受けたのが光州事件の直前で、戒厳令が全国に拡大されると、以前に反政府デモを率いた経歴が引っかかり、警察から危険人物とみなされてソウルの留置所に入れられたのだ。司法試験の合格通知は、留置所で受け取った。

一九八〇年の戒厳令下の重苦しい空気を文在寅は克明に覚えていて、それは、多くの進歩派の韓国人同様、「あってはならなかった」痛恨の歴史として胸に刻まれた。

一方で、大統領就任の直後に事件の追悼式典があるというタイミングを巧みに活用したのも否めない。文在寅は、光州で軍部を相手に民主化を求めた闘争と、「サイビ」に嵌まったとみなされた朴槿恵の弾劾を要求したロウソク集会とを同じ水準に位置づけた。そうすることで、自分の政権を誕生させた「ロウソク革命」、「ロウソク民心」、「積弊清算」の権威を一層高めようとしたわけだ。

とりわけ、「積弊清算」は、文字通り毎日、政権や与党の幹部が口にするようになり、保守派を攻撃する錦の御旗となった。

文在寅は、「行進曲」を皆で歌うようにしただけではなく、光州事件の未解明点に関する再調査も命じ、国防部は、「軍積弊清算委員会」を立ち上げて改めて調べ始めた。

実は、文在寅の大統領就任前から事件をめぐっては新たな疑惑が持ち上がっていた。当時、軍のヘリコプターが市民に向かって無差別に発砲したのではないか、そして、軍の戦闘機が市民を爆撃する準備を終えて待機していたのではないか、という疑惑だ。

ともに、国防部は「記録がない」と否定したが、ヘリコプターの方は、当時の写真でも市民が立てこもったビルのすぐ近くを飛んでいる様子が写っていた。また、近年、そのビルの壁から新たに弾痕が発見されていた。

少なくともヘリコプターによる発砲はあったとみるのが自然であった。

ただ、光州事件の真相究明調査は、過去にも実施されてきた。すでに発生から四〇年近くが経ち、当事者たちの記憶も曖昧になりつつある頃に、再び調査というのは事実誤認のリスクも伴う。

そうした懸念を押し切って文政権が再調査を進めた大きな理由は、今なお、誰が兵士たちに市民に対する発砲を命じたのか、特定されていないためだ。最も責任を負うべき人物が、責任を負っていない。

遺族らは、当時、軍の最高指導者しか発砲を許可できる人物はいなかったはずだと主張する。すなわち、全斗煥、のちの大統領である。全は一貫して発砲を命じたことは否定しているが、今なお真相は闇の中。韓国現代史の一つのタブーになりつつある。「積弊清算」を掲げる文政権は、そうしたタブーにも切り込む決意を示した。

さらに、韓国政府が公式に否定してきたにもかかわらず、現在でも、「北韓が工作員を光州に送り込んで市民を暴動へと扇動した」という陰謀論が消えない。それは、誰が発砲を命じたのか明確でないなど、事件をめぐる謎が残ることと無関係ではない。

李明博に対する包囲網

おしなべて政治談義が好きな韓国の人たちは、二〇一七年五月の大統領選で文在寅が勝利を収めた直後から、井戸端会議や酒宴で、「これで朴槿恵に続いて李明博も拘置所送りだね」とあけすけに予想しては盛り上がっていた。

そして、彼が大統領に就任してから二週間も経っていない五月二二日、そうした予想通りの動きが始まった。

この日、青瓦台は、「四大河川事業」と呼ばれる大規模な河川造成事業に関して、実施に至った経緯に問題があったとみなして監査を実施することを決めたと発表した。監査で明らかな非理が出てくれば、法的な措置もとると。

四大河川事業は、李政権が実施した一大インフラ整備事業だ。漢江《ハンガン》、中西部の古都として知られる公州《コンジユ》や扶余《プヨ》を流れる錦江《クムガン》、南西部の全羅南道を流れる栄山江《ヨンサンガン》、南東部の慶尚道を縦断する洛東江《ナクトンガン》の四つの河川に、一六のダムのような固定堰を建設すること等で水資源を確保し、生態系を復元すると謳った。日本円にして約二兆円以上もが費やされた。

これにメスを入れると文政権が宣言したのは、「積弊清算」の本丸とみなされていた李に対する追及が始まるという宣言だと誰しもが解釈した。ロウソク集会は朴の退陣を求めたものではあったが、文在寅と「共に民主党」が本当にターゲットにしたいのは李であったことは、なかば常識であった。

監査を繰り返す理由

文在寅は、かつて著書で、「参与政府（盧武鉉政権を指す）は、李明博政権が発足すると、国家権力を動員した最も過酷な報復に直面することとなった」、「盧大統領の死は、政治的な他殺にほかならない」と記している。李に対する強い敵愾心が滲み出ている。

盧の弔い合戦の皮切りが四大河川事業になることも、ある程度は予想されていた。大統領選を控えて出版された、文在寅が質問に答える形式で国家ビジョンを語った『大韓民国が問う』という書籍の中で、四大河川事業を、「美しい我が国土を完全に台無しにしたではないか。初めから話にならない計画であった」と酷評していたためだ。ここ数年、進歩派のメディアも、事業は河川の水質を悪化させただけで何ら利点はなかった、と断じてきた。

つまり、文在寅と進歩派は、四大河川事業を保守派による積弊の筆頭格とみなしていたわけだ。

とはいえ、政界では戸惑いも少なくなかった。

なぜなら、光州事件の再調査と同じく、四大河川事業も、過去に検証の対象として俎上にのぼったためだ。監査院が、実に三回も監査を実施してきた。

最初の監査の結論が示されたのは、李本人がまだ大統領在任中だった二〇一〇年。この際は、事業計画の立案と履行に関して調べられ、「特別な問題は確認されなかった」とされた。

ところが、李とセヌリ党内で鋭く対立した朴槿恵が大統領選挙で勝利を収めた直後の二〇一三年一月に出された二回目の監査結果は、施設の品質や水質の管理に関して、「堰の多くで部分的な流出や沈下が見られ、耐久性が不足している。水質悪化の憂慮も大きく、水質管理にも問題が多い」として「欠陥事業」との烙印が押された。

三回目の監査では、「工事を請け負った業者間で談合行為があった」と結論付けられた。公正取引委員会が二〇社を摘発し、検察も捜査を行い、結局、各社は課徴金を支払わされた上、一定期間、政府の入札から締め出された。談合を主導したとされた一部の建設会社社員は起訴され、実刑判決を受けた。

その後、二〇一五年八月に朴政権が実施した特別赦免で、この談合で摘発された建設会社も赦免の対象となり、事実上、この問題の懲罰は終了した。

それを、文在寅は、四回目となる監査に乗り出すと決めたわけだ。

飽くなき監査を繰り返す理由として、青瓦台は、「四大河川事業は、（当時の）政府が正常に進めた事業だったとは、到底、みなすことができない。文大統領は、政策決定と履行の過程に対する検証を指示した」と説明した。

ここまで読まれた読者の方は、気づかれると思う。「正常だったとはみなせない」という言い回しは、朴が掲げた「非正常の正常化」と、同じだと。矛先が逆を向いているだけだ。

「未来のための告訴」

河川事業の監査表明でプレイボールが告げられたかのように、進歩派の人たちは、あらゆる「持ちネタ」を動員して李明博逮捕を目指す戦いに馳せ参じた。

ソウル市長の朴元淳は、李を国家情報院法違反や名誉毀損等の疑いで告訴した。これは、李政権下の国家情報院が朴市長の「左に偏向した市政運営」等にどう対処するかをまとめた「朴元淳制圧文書」という文書を作成し、李も報告を受けていたとされる問題であった。

朴市長は、与党「共に民主党」の「積弊清算タスクフォース会議」において、「民主主義の根幹を害するこうした積弊は清算されなければならない」と訴え、「これは過去ではなく、未来のための告訴だ」と主張した。

青瓦台秘書室長の任鍾晳《イムジョンソク》は、秘かにUAE（アラブ首長国連合）に飛んだ。この訪問、当初は発表すらされず、メディアで報じられると、青瓦台の説明は二転三転した。「休暇だ」、「現地に展開する韓国軍の部隊（「アーク部隊」）を激励するためだ」、「UAEとの全般的な友好親善のためだ」等々。

しばらくすると、李政権下の二〇〇九年に韓国がUAEから原発建設を受注した際に締結された非公開の覚え書き（MOU）に絡んで訪問したことが真相であることが濃厚となった。

当時、韓国は有力視されたフランスを逆転してUAEに原発を売り込むことに成功したのだが、その決め手となったのは「アーク部隊」のUAEへの展開等、安全保障面での「ボーナス」をつけたことであった。

ところが、その「ボーナス」の内容が全て公開されたわけではない。任は、それを公開するようUAEに働きかけに行ったとみられた。

最終的に、この「UAEルート」は、「非公開にすると合意した外交上のやり取りを明らかにしろというのか」とUAEが怒りを露わにしたため、李の追及につなげる試みは不発に終わった、とされる。真相は藪の中だが、文政権がこのMOUを問題視するのをやめたところを見ると、概ね、そうした経緯であったのだろう。

日本の外交官からは、このUAEをめぐる動きと、慰安婦問題の合意を検証するために文政権が設置したタスクフォースが日韓の外交記録を事細かく明らかにしたこととを対比し、「日本との外交は実に軽く見られたものだ」という恨み節が聞かれた。文政権が、UAEとの外交上の秘密は（不本意ながら）守り、日本との秘密は守らなかった（しかも日本との合意の方がUAEへの原発輸出よりも最近の話だ）ことで、日本政府内における文政権への不信感を増幅させる結果ともなってしまったようだ。

李に対する攻勢に話を戻そう。

進歩派とされる俳優や映画監督らは、朴政権下だけでなく、その前の李政権でも特定の文化人を支援の対象から外す「文化人のブラックリスト」が作成され、自分たちもテレビや映画の世界から閉め出されたとして、名誉棄損等の容疑で李を告訴した。テレビでは、連日、いかに自分は「干された」か、切々と訴える俳優らが登場した。

李政権が放送界をコントロールしようとしたことも検察の捜査対象となった。例えば、BSE騒動をめぐって看板番組の「PD手帳」で杜撰な内容を放送したMBC。李政権がMBCの人事に介入して「PD手帳」の制作陣を交代させたことなどが、国家情報院も関与した「メディア掌握」とみなされた。当時、MBCの著名なプロデューサーが、系列のスポーツ施設の管理人に異動させられるなど、苛烈な懲罰人事が行われたのは放送業界では有名な話であった。

大統領経験者二人が収監へ

この他にも、数多くの疑惑が提起されたのだが、最終的に李にとって致命傷となったのは、自動車部品会社「ダース」を舞台にした不正な資金調達疑惑と、国家情報院から不正に資金を受け取っていたという疑惑であった。

「ダース」は、名義上は李の兄が代表であったが、検察は実質的には李の企業だと判断した。そして、社員の賃金から大統領選挙対策として裏金が捻出されたほか、米国での訴訟費用を最大財閥のサムスンに肩代わりさせたと主張した。米国での訴訟の問題は、サムスン電子が訴訟費用を負担する見返りに、李は背任罪で執行猶予中だったサムスン電子の李《イ》健熙《ゴニ》会長に特赦を出したとされる。

国家情報院からの資金の問題は、使途を公開する必要がない特殊活動費から日本円で約七〇〇〇万円を「上納」させたというもので、検察は収賄罪を適用した。その後、朴槿恵も同様に国家情報院から資金を「上納」されていたとして収賄罪に問われることとなる。

「国情院からの上納金？　歴代政権は、みなやっていましたよ。北韓の最高指導者にとっての『統治資金』と同じようなものです」と元青瓦台高官は開き直ったように笑いながら話した。

「保守派の大統領は自分の周囲を固めるためにばらまき、進歩派は北韓に送ったのですよ」とも。

保守派も進歩派も特殊活動費を流用していたのが事実だとしても、国家を守るための情報収集に使われるべき資金を大統領が自由に動かすのは、やはり問題なのではないか、と私が訊ねると、その元高官は、「日本でも自民党の派閥の領袖は、党内の選挙では資金をばらまくでしょう？」と切り返した。

結局、収賄、横領、脱税、国庫損失、職権濫用、大統領記録物法違反等、様々な罪を提起された李は、二〇一八年三月二三日未明、ソウル中央地方検察庁に逮捕された。韓国で大統領経験者が起訴されたのは、全斗煥、盧泰愚、朴槿恵に次いで四人目。

しかも、李と朴が同時に収監されるという、なんとも不名誉な事態となった。

捜査の動機は正当だったか

一九八七年の民主化より前はともかく、現在の韓国の検察は、取り調べの手法は日本人からすると乱暴ではあるものの、事件を捏造したりはしない。証拠を広範囲に集めて裁判に臨む。その意味で、李明博の逮捕・起訴に至った捜査の結果は、正当だといえるであろう。

実際、李本人も、国家情報院から資金を受け取ったこと自体は認めた（収賄という指摘は否定）し、逮捕目前に読み上げた声明で、「清廉な政治を行おうと努力したが、今日の国民の目線に照らしてみれば不十分な部分もあった」と述べ、自らのカネに対する認識の甘さも認めた。二〇一二年の大統領選挙時に自動車部品会社「ダース」を舞台にした不正な資金集めが発覚していれば、大統領選挙での当選も無効になった可能性があるという指摘もある。

なので、繰り返しになるが、李をめぐる捜査の「結果」は正当であろう。有罪か無罪か、有罪の場合の量刑は、裁判所の判断に委ねられる。

しかし、捜査の「動機」は、正当だったと言い切れるであろうか？

検察は、「予断を持たずに情報を収集する中で犯罪容疑が浮上したから」李に関する捜査をしたのでは、決してない。明らかに、「初めから李の逮捕ありき」であった。逮捕を実現させるべく、まず容疑Aで捜査し、立件が難しければ次は容疑B、それでもダメならC、という具合に、手を変え品を変え、李を追いつめた。

李も、かつて自分の側近だった人物たちが次々と検察の取り調べを受けることに耐えきれなくなり、記者たちの前で、「検察の捜査が最初から私を標的としているのは明らかだ。在任中に起きた全てのことの最終責任は自分にあるのだから、これ以上、他の人を捜査せず、私の責任を問え」という声明を読み上げたりもした。

日本でも「国策捜査」という批判が湧き起こる捜査がある。李に対する捜査も、「国策」あるいは「大統領策」の色合いが極めて濃厚であった。文在寅政権が検察に「李を逮捕しろ」と直に指示したわけではない。しかし、四大河川事業を再び監査すると発表したことが、事実上の指示であった。

政権が保守派から進歩派へと交代したのを受けて、検察も阿吽《あうん》の呼吸で絶大な人事権を持つ新しい「帝王」への忠誠心を示そうと全力を尽くした。そして、国民の大多数も、そうした捜査のあり方を当然だと受け止めている。

実は、文在寅は、李政権下の検察が盧を取り調べ、盧が自殺をしたことに関して、著書の中で、「前任の政府に対する、とてつもない報復の歴史は、これを最後とし、必ず終わらせなければならない」と訴えていた。

皮肉なことに、李も、検察に出頭した際に読み上げた声明で、「望むらくは、このような事態は、歴史において今回が最後となって欲しい」と訴えた。

社会を席巻する「積弊清算」

李明博の逮捕は、文在寅政権の発足、つまり保守派から進歩派への政権交代によって起きた韓国社会の地殻変動の一例に過ぎない。進歩派が唱える「ロウソク革命」とは、政治的なレトリックに過ぎないが、一方で、日本では想像しにくいほど政府や社会の随所で変化が起きたのも確かだ。

二〇一八年一〇月までの、主な事例を紹介したい（南北首脳会談での合意事項は除く）。

かつては「南山」として恐れられた国家情報院が何度も国内政治に介入してきたのは典型的な積弊だとされ、改革の一環として、「ＩＯ（Intelligence Officer の頭文字）」と呼ばれる国内情報担当官の制度が廃止された。国情院は外国での情報収集に特化させ、国内での共産主義活動に関する情報収集・捜査権は警察に移すとした。北朝鮮に関する情報収集を国内と国外とで切り離すのは困難なので、国情院の弱体化は必至である。

国防部は、先述したように光州事件の再調査という「自己反省」を迫られたが、それだけにとどまらない。

報道官には軍歴のない元女性記者が起用された。

軍事境界線での「木棺地雷」爆発をめぐって北朝鮮から謝罪を引き出した金寛鎮元国防相（爆発時は国家安保室長）は、李政権下で軍のサイバー関連部隊が進めたインターネット上での世論工作に関与した疑いで検察に逮捕された（裁判所の判断で釈放）。

そして、軍の情報部隊である「機務部」は、朴槿恵退陣を求めるロウソク集会が暴動と化した際に戒厳令を敷くことを検討していたと糾弾され、解体された。

税制では、大企業・富裕層を狙い撃ちした増税が登場。年間所得二〇〇億円を超える企業の法人税率は二二％から二五％へと引き上げられた。個人でも五億ウォンを超す所得の富裕層は所得税率が四〇％から四二％へと引き上げることが決まった。

与党は、これを、富裕層が自らの名誉を守ることにつながるという意味で「名誉税」だと説明した。「大きな政府」を標榜する文政権の財源を何とか確保しようというのが税率引き上げの本当の狙いだが、韓国での法人税率は一九九一年には三四％だったのが、ほぼ一貫して下がり続け、李政権時代に現行の二二％になっていたという経緯がある。多国籍企業を呼び込むために多くの国が法人税率を下げる中、文政権は逆方向に舵を切った。

司法でも、進歩派のカラーが濃い人材が各レベルの裁判所で要職に任命されている。

とりわけ注目されたのは、憲法裁判所の所長候補に、統合進歩党の解散をめぐる憲法裁の判断でただ一人反対を表明した金二洙《キムイス》裁判官が任命されたこと。ただし、この金裁判官に関して、国会は、「思想的に偏りがある」として任命を否決した。

メディアでは、公共放送KBSをはじめ、いくつもの社で、朴政権下で就任したトップが解任や辞任に追い込まれ、ニュース番組のキャスター陣が刷新された。

そして、「一九八七年の大韓航空機爆破事件は韓国の自作自演」とか、「二〇一〇年の哨戒艦沈没事件は北韓の魚雷によるものではない」といった陰謀論がメディアで提起されるようになった。こうした陰謀論は以前も出て、時の政権が調査をして「根拠なし」と退けたのだが、再び、まことしやかに語られ始めた。

大韓民国の建国はいつなのか

「積弊清算」の事例をあげていくときりがないので、最後に、国の根本に関わる文在寅の問題提起を紹介したい。

それは、大韓民国の建国はいつなのか、という問題である。

歴史の教科書をひもとけば、一九四八年と記されている。国際的にも、そう認識されている。

ところが、文在寅は、大統領に就任して最初の光復節となった二〇一七年八月一五日、「二年後の二〇一九年は大韓民国建国と臨時政府樹立一〇〇年を迎える年」と述べた。つまり、韓国が建国されたのは一九一九年という主張だ。

この一九一九年は、まだ朝鮮半島が日本の植民地支配下にあったとき、上海に「大韓民国臨時政府」が設立された年である。臨時政府は中国各地に拠点を移し、四五年の朝鮮半島解放時は重慶にあった。文在寅は、二〇一七年一二月に中国を訪問した際、北京に加えて、歴代の韓国大統領として初めて重慶にある臨時政府の庁舎跡に足を伸ばし、そこで独立運動家たちの子孫と面会した。非常に強いこだわりが窺える。

以前から韓国の進歩派は「韓国の建国は一九一九年」と主張していて、現行憲法の前文にも、韓国は「大韓民国臨時政府の法統」を継承していると定められている。

とはいえ、中国にあった臨時政府は、当然ながら国家としての領土がなかった。また、米国を含め、どの国からも国家とは承認されなかった。

独立運動の英雄、金九《キムグ》主席は日本と戦うための「光復軍」を育成していたが、結局、戦うことなく終戦・解放を迎えた。

こうした事実があるため、保守派は、臨時政府を讃えつつも「国家」とみなすのは無理がありすぎるとしてきた。文在寅が今後も「一九一九年」建国を唱えても、国際的に認められることはないであろう。

それでも「一九四八年建国」を否定しようとする根底には、やはり保守派への反発が横たわる。

李承晩は朝鮮半島南部での単独選挙を実施し、北部よりも先に一九四八年八月に建国を宣言したことで、現在の南北分断を決定づけた。朝鮮戦争を経て、李は六〇年の「四月革命」で打倒されるも、そのあと権力を掌握したのは朴正煕であった。民族主義が強い進歩派の視点から見ると、南北分断と保守派の軍事独裁への引き金を引いた四八年ではなく、独立運動の拠点が誕生した一九年のほうが「あるべき」建国の年というわけだ。

分かりにくいのは、李承晩も臨時政府の出身である点だが、とにかく進歩派は彼を相手にせず、ひたすら金九を讃える。

文在寅も、南北分断反対を訴え続けた金九の言葉を自らの演説に反映させるなど、「現代の金九」にならんとする意欲が窺える。

抗議デモ犠牲者の死因まで「交代」

このように、韓国社会全体が進歩派の価値観に沿って急激に「左シフト」をする中、人の死因まで「交代」するという出来事まで起き、さすがの韓国人たちも驚かせた。

亡くなったのは、第三章で触れた、朴槿恵政権下の二〇一五年一一月にソウルで繰り広げられた大規模な政府への抗議デモ「第一回民衆総決起闘争大会」で警察の放水によって転倒し、約一〇か月後に死亡した農民のペク・ナムギ氏。ソウル大学病院は、死因は「病死」と診断していた。

それが、政権交代後の二〇一七年六月、同じソウル大学病院が、死亡診断書に記載された死因を、「病死」から「外因死」へと変更したのだ。

さすがに、これを説明するために病院が開いた記者会見は荒れた。政権が代わった途端に人の死因まで変わるなど、あり得ないではないかと記者たちは詰問した。

論理的には、この不可解な「交代」の理由は二つしかあり得ない。一つは、当初から放水による転倒で頭部を強打したことが死因であると医師は判断していたが、朴政権への忖度で、病院の上層部が死因を「病死」としたか。

もう一つは、逆の忖度。つまり、医師は本当に病気によるものだと判断したが、ペク氏の死は警察の過度な放水のせいだったと責任追及をしてきた進歩派が政権を握ったので、上層部が新しい「帝王」への恭順の意を表そうと、死因を変更したか。

しかし、病院側は、どちらも認めようとしなかった。

いわく、死因を変更することになったのは、元々の死亡診断書を作成した神経外科の研修医が、病院の医療倫理委員会の修正勧告を受け入れたためであり、恣意的な変更ではないと説明したのだ。変更のタイミングが、保守派から進歩派へという政権交代からほどなく、という怪しさに関しても、ペク氏の遺族が訴訟を提起したことが影響して医療倫理委員会の手続きが遅れたためであり、政権交代とは関係ないと言い張った。

こうした釈明に頷いた記者は皆無だった。

コーヒーを手に青瓦台を散策という演出

こうした韓国の急激な「左シフト」について、ある保守派の議員は、焼酎を呷りながら、「まるで中国の文化大革命のようでしょう?」と評した。以前に呑んだときに比べて、杯が空になるピッチがだいぶ早かった。

彼は心底から「韓国版文革」だと恐れているように、「恐ろしいですよ」と呟いた。

しかし、この議員のような完全な保守派の人たちとは違い、進歩派はもちろん、さして政治色が強くない中道の人たちの大半は、文在寅政権を「恐ろしい」とは感じていない。

逆だ。

「親しみやすい」というイメージが先に立っている。

政権発足直後の世論調査では、支持率は八〇%台と驚異的なほど高かった。

支持する理由をみると、いずれの調査でもトップは、「疎通《ソトン》」への高い評価であった。青瓦台内、そして国民とのコミュニケーションをしっかり取りながら国政を運営しているのが好印象だ、ということである。

確かに、文政権は「ロウソク革命」という広場民主主義のおかげで誕生したと自負するだけに、前の朴槿恵政権に比べて、国民との距離感が圧倒的に近い。

新政権の「疎通」重視をまず印象づけたのは、文在寅の大統領就任翌日であった。昼食のあと、文と側近たち七人が、上着を脱いでワイシャツ、片手にはテイクアウトのコーヒー、というお揃いのスタイルで青瓦台の中庭を談笑しながら歩いた。一行は木陰に用意された、丸太を切ったようなスツールに座って意見を交わし、そうした様子はテレビを通じて繰り返し流れた。

上着を脱いでテイクアウトのコーヒー、という様相は、汝矣島の金融街で昼食後にコーヒーを飲みながら歩くサラリーマンたちのようでもあり、また、どことなく米国のオバマ前大統領を想起させるものであった。私の同僚の韓国人たちも、「オバマの真似？」と苦笑しながらも感心していた。

やや「ベタ」な演出ではあったが、「不通《ブルトン》」が代名詞であった朴槿恵前大統領の頃では想像できない親しみやすいシーンであった。これも前政権の否定、保守派つぶしの一つ、と言ってしまえばそれまでだが、世論調査をみると、新政権が国民とのコミュニケーションを重視しているというイメージ作りの効果は大きかった。

そうしたイメージ戦略を担っているのが、青瓦台の卓賢民《タクヒョンミン》行政官。大学で文化コンテンツについて学び、音楽や舞台の演出等に携わってきた経歴を持つ。

二〇〇九年、盧武鉉大統領の追悼コンサートの演出を担当し、この際、文在寅と出会った。

両者は意気投合し、文在寅の最初の大統領選出馬のときから卓は有権者へのアピールの仕方をアドバイスした。その選挙で敗れてからも、共にヒマラヤ登山に行ったりしている。

文政権が発足し、卓が青瓦台に入った際、保守派の野党は、「バラエティー番組のPDに税金から給与を出すのか」と強く反発した。「バラエティーPD」というのは正確ではなく、卓がかつてラジオでの政治風刺番組を手がけた経歴が少し曲げられているようだ。そのラジオ番組は李明博政権をウィットも交えて鋭く批判し、おかげで、李政権と朴槿恵政権の二代にわたって政府の文化事業への支援から外す「ブラックリスト」に名前を連ねた。

両政権のリストに入った人物は少ないとされる。それだけ保守派は敵視していたという証左であり、だからこそ、文在寅は揺るぎない信頼を寄せている。

卓の演出は、文在寅の「親しみやすい大統領」というイメージ作りにとどまらず、後述するように、外交や南北関係にまで少なからぬ影響を与えている。

「保守派打倒の永続化」の含意

こうした「保守派打倒の永続化」という思惑は、ときに、文在寅政権の過剰反応にもなって表面化している。

二〇一七年一二月、韓国人の同僚から、「NSC（国家安全保障会議）が招集されたようです」という連絡を受けた。すわ、北朝鮮がまた弾道ミサイルを発射でもしたか、と思いきや、違った。仁川港の沖合で二〇人ほどが乗った釣り船が給油船と衝突、転覆したという。

テレビのニュースを見ると、NSCが招集されたわけではなかったが、確かに、文在寅はNSCが開催される青瓦台の危機管理センターに入っている。鄭義溶《チョンウィヨン》国家安全保障室長ら高官たちも。やはり、まるで北朝鮮の軍事攻撃があったかのようだ。一同は真剣な表情で現場海域での捜索にあたる海上警察からの報告を聞き、指示を飛ばしている。

事故に巻き込まれた人たちやその家族らにとっては痛ましい出来事であった。ただ、大統領や国家安保室長が危機管理センターに駆け込んで陣頭指揮を執るような規模の事故だったかというと、疑問だった。

そうした違和感を覚えながらニュース映像を眺めるうちに、はたと気づいた。この過剰さは、旅客船セウォル号の沈没事故における朴槿恵政権の対応のまずさが非難囂々であったのを強く意識した結果なのだと。いかに自分たちは朴政権と違って事故にも万全の対応を期しているかと国民に伝えたいという、一種の気負い。

文政権が発足して間もない頃、北朝鮮が弾道ミサイルを発射すると、青瓦台は、「文大統領は発射から○分後に連絡を受け、○分後に軍に対応を指示した」といった具合に、分刻みで文在寅がどう指揮をしたかをメディアに発表した。

大統領の分刻みの行動より、発射された弾道ミサイルの種類や着水点のほうがよほど重要なニュースの要素である。結局、「朴大統領とは一週間に一度も顔を合わせないことがあった」と当時の大統領秘書室長が証言したほどの朴の「不通」ぶりに比べて、いかに文在寅と側近の間では緊密に連携が取れているかを際立たせよう、という思惑だ。

仁川港の沖合で起きた釣り船の転覆には、まだ続きがある。この事故では一五人が死亡した。文在寅は、発生翌日に青瓦台で開いた首席秘書官・補佐官会議で、「理由を問わず、こうした事故を防ぐことができなかったこと、救助できなかったことは、結局のところは国家の責任。国民の生命と安全に関して、国家の責任は無限責任」と述べ、閣僚らと共に頭を下げた。

そうした姿勢は立派だし、セウォル号の沈没で朴政権の責任を追及してきた文在寅としては、自らも厳しく律する考えを示したのはフェアといえる。もちろん、「国家の責任は無限責任」という言葉が、全ての事故で国に賠償責任があるという意味ではないのは明らかだ。

しかし、言行が一致していないと指摘せざるを得ないのは、セウォル号の発生を受けて朴政権が新設した首相直属の「国民安全処」を、文政権は発足早々に解体していた点だ。「国民安全処」の存在期間は、三一か月という短命。文政権はその功罪について検証することもなく、実にあっさりと解体を決めた。

「国民安全処」の下に統合されていた海洋警察庁と消防庁を再び独立させ、「行政安全部」という省庁の傘下に置くという改編をしたのだが、その性急さは、保守派と進歩派の間で政権交代が起きると繰り返されてきた「前政権の全否定」でしかなく、国民の安全をどう守るのかという議論を重ねた上での決定ではなかった。

そうした経緯を踏まえて、文在寅が述べた「国家の責任は無限責任」という言葉を改めて考えると、これまた、「保守派打倒の永続化」の含意が見えてくる。

第六章

変調、そして日韓激震

ソウルの日本大使館前で開かれた、徴用工訴訟を支援する弁護士や市民団体の集会。2019年5月2日（共同）

「ロマンスか、不倫か」

「サイビ」との烙印を押された朴槿恵の失態で大義を得た「積弊清算」と、国民との距離感の近さを強調する戦略が功を奏して、文在寅政権は上々の船出であった。

ただ、政策や政権運営は、粗が目立つ。

文政権への皮肉として流行したフレーズがある。

「私がすればロマンス、他人がすれば不倫」。

つまり、「既婚者の恋愛」という行為は同じでも、自分がすれば、それは美しいロマンス、他人がするのは嫌悪すべき不倫だというわけだ。保守派の政権と同じ失敗をしても自己弁護に終始する文政権を揶揄したものだ。韓国の人たちは、こういう風刺が実にうまい。

「ロマンスか不倫か」の引き金は、新政権の閣僚らの人事聴聞会であった。閣僚や青瓦台高官の人事は、どの新政権にとっても鬼門となっている。政権が任命した候補たちは、国会の人事聴聞会で審査を受け、適格かどうか判断される。

まずは担当する分野の政策に精通しているかが問われるが、より重要なのは、「道徳性」。平たく言えばスキャンダルの有無だ。

閣僚らに指名された候補者が浮かれるのも束の間、野党からスキャンダルを暴露されて聴聞会が紛糾し、「道徳的に不適格」との烙印《らくいん》を押されてしまうケースが後を絶たない。日本でいえば、政権が事前に閣僚候補の「身体検査」をするのと同じだが、韓国では、野党が検査役なだけに、容赦ない。

朴槿恵の大統領としての資質に関して国民の間で最初に疑問符が広がったのも、閣僚らの人事であった。朴が、周囲に相談した形跡もなく、突然、自分から個人名を挙げて推し、聴聞会で進歩派の野党からスキャンダルや過去の失言を取り上げられて撤回や辞退に追い込まれたケースが相次いだ。

今となっては、朴が秘かに崔順実に相談して決めていた、という可能性が高いことが明らかになってはいるが、当時はそうした裏事情は分かっていなかった。

人事聴聞会の粗探し

二〇一七年の大統領選挙中、文在寅は、かつて青瓦台の秘書室長を務めた経験から、朴と同じ轍は踏まないとばかりに、「準備ができた大統領候補」をキャッチフレーズに掲げて戦った。なのに、いざ就任すると、やはり人事でつまずいた。

少し話は逸れるが、この頃、人事聴聞会はテレビのお笑い番組のコントにもなった。閣僚候補役のコメディアンが、「電気代を節約するため、夏はエアコンを使わずに扇風機を回しています」と胸を張る。すると、詰問する野党議員役が、「扇風機だと？　団扇《うちわ》で自分をあおぐのが正しい姿だ!」と激情し、閣僚候補は窮地に陥る……。

こうしたパロディーが登場するのも、国民の間で、人事聴聞会の粗探しぶりは行きすぎなのではないかという疑問もあるからに他ならない。ただ、聴聞会は、保守派と進歩派の葛藤の中で、大統領選挙に敗れた側が最初に新政権を叩ける格好の土俵なので、変わることはなさそうだ。

文政権の場合、人事聴聞会でとりわけ紛糾したのが、外相候補に推された康京和《カンギョンファ》だった。国連で人権問題に長く携わり、英語が流暢。洗練された雰囲気も相まって、韓国初の女性外相が新政権の看板になると期待しての指名であった。

ところが、聴聞会では、娘を進学校に通わせるために居住地(学区)を偽った「偽装転入」、娘の米国国籍、不透明な不動産取引、税金の申告漏れ等、次々と醜聞が出てきた。また、安全保障政策に関して議員が質問をしても的確に回答することができず、保守派だけでなく、比較的中道路線の野党も「絶対に同意できない」と態度を硬化させた。

そもそも、文在寅が選挙中に「偽装転入をした人物は閣僚らに任命しない」と公言していたのだ。政権と与党は頭を抱え、メディアも、「朴政権と何も変わってない」と嘆いた。

最終的に、文在寅は「偽装転入」等を不問に付して康の外相任命を強行した。これが正しかったのかどうか、判断は難しい。康は初の女性外相としてそれなりに存在感を示すようになった。一方、元青瓦台高官に言わせれば、文在寅が康の指名を撤回していれば、政界における保守派と進歩派の対立をだいぶ緩和するチャンスになっていたのに、と惜しむ。「野党側は、政権と与党に、外相ポストで『負けた』と認めて撤回さえすれば、他の人事では同意するという明快なシグナルを送ったわけですよ。それなのに、文政権がそれを撥ね付けたことで、野党と全面戦争に突入することになったのです」。

道徳という観点を最優先にして閣僚に相応しい人物かどうかを徹底的に検証するのは、実に韓国らしい。閣僚に就任したあとに様々なスキャンダルが週刊誌で暴露される日本よりも健全なのかもしれない。ただ、現状では「南南葛藤」の象徴というマイナス面が目立つ。

「労働者寄り」のＪノミクス

一方、毎週土曜日に凍てつく光化門広場で朴槿恵の退陣を叫んだ国民、とりわけ若い人たちは、李明博の逮捕や国家情報院の骨抜き等を願って大統領選挙で文在寅に一票を投じたわけではなかった。李政権下で煮え湯を飲まされたメディア関係者等は、もしかすると文在寅に李の逮捕を託して投票したかもしれないが、有権者全体からみれば、それはごく一部。

大多数の国民にとって、新政権に期待したのは、一にも二にも経済のテコ入れ。韓国では、近年、若者の就職難が深刻だ。だからこそ、崔順実の娘のように、コネでの入学や就職が明るみに出ると若者たちは怒りを爆発させる。

文在寅も、それは百も承知であった。選挙中から「自分は『イルチャリ（働き口）大統領』になる」と強調し、選挙での「十大公約」のトップに「雇用創出」を掲げた。大統領に就任すると、青瓦台の自分の執務室に、各種の雇用統計を示す大型のモニター画面を置いた。私も外国メディアに青瓦台が公開されるという機会に執務室に入ったが、部屋のサイズに不釣り合いなほど大きな画面で、「イルチャリ」の問題を何とかしたいという意気込みは窺えた。

ところが、「イルチャリ大統領」を掲げた文在寅が雇用対策として打ち出したのは、新しい産業の育成や規制緩和等ではなく、「所得主導の経済成長」であった。「アベノミクス」という日本の安倍政権の経済政策の呼称からヒントを得たのか、大統領の名前 Moon Jaein という表記にちなんで、「Jノミクス」と名づけられた。

「Jノミクス」の柱の一つは、公共部門での雇用を二〇二二年までに八一万人増やすこと。最終的には、公共・民間を問わず、「非正規雇用ゼロ」を目指すとしたが、まずは足がかりとして、公共部門で非正規職を大量に正規雇用に切り替えるとした。

就任早々に文在寅は韓国の空の玄関口、仁川国際空港に足を運び、「自分の任期内に公共部門での『非正規雇用ゼロ』時代を切り開く」と宣言。すると、その場で、空港公社のトップが、「私が先頭に立ち、関連会社従業員一万人を、全員、今年末までに正規雇用に切り替えましょう」と応じてみせた。

このやり取りはメディアの前で行われ、いかにも芝居がかってはいたが、社会に与えたインパクトは大きかった。

とはいえ、公共部門で正規職を増やすには、財源の手当が必要となる。それに関して、政権は明確な説明ができないまま、「非正規ゼロ」を掲げて走り出した。メディアや経済の専門家たちは「危うい」と警鐘を鳴らしたが、新しい「帝王」の号令の威力は絶大、懸念の声は黙殺された。

もう一つ、「Jノミクス」の柱は、最低賃金の大幅な引き上げだ。こちらは、「金の匙」と「泥の匙」のように、財閥と中小企業・自営業との格差が一向に縮まらず、「泥の匙」の側にいる若者たちが結婚や住宅購入を諦めてしまう現状を食い止めようと、まずは政府主導で最低賃金を引き上げることにしたものだ。「二〇二〇年までに時給一万ウォン（約一〇〇〇円）」を目指すとした。

この方針を受けて、最低賃金委員会は、二〇一七年七月、翌一八年の最低賃金を現行より一六・四％高い七三五〇ウォン（約七四〇〇円）に引き上げることを決める。極めて異例の大幅引き上げだ。

経済界からは、「人件費の負担が大きくなりすぎる」と悲鳴が上がったが、政権は所得を引き上げれば経済全体に好循環をもたらすと主張して実行に移した。

公共部門での正規職拡大という「大きな政府」、そして、最低賃金の大幅引き上げという「労働者寄り」の「Jノミクス」。他国でも見られる、普遍的なリベラルの経済政策といえる。同時に、「ロウソク革命」の舞台を整えた民主労総を筆頭とする労働組合に非常に気を遣ったという点は韓国特有だ。

「太陽政策」再び

大統領選挙の途中から、文在寅は、野党からの批判を警戒して南北首脳会談のために平壌に行きたいとの願望には触れなくなった。

だが、いざ当選を果たすと、待っていましたとばかりに、就任宣誓の演説から平壌訪問への意欲を強調した。

「韓半島の平和のために東奔西走する。必要とあらば、すぐにワシントンに飛ぶ。北京と東京にも行き、条件が合えば、平壌にも行く」。

文在寅に日本国内でつけられた「親北・反日」という響きのよくないレッテルのうち、後者は誤解だが、前者は間違ってはいない。金大中、盧武鉉という進歩派大統領の流れを汲んでいるのだから、「太陽政策」で北朝鮮と向き合うのは、当然と言えば当然なのだ。それこそが、進歩派と保守派の決定的な違いだ。

さらに、文在寅の場合、一個人としても北朝鮮に対する思いが強い。彼の両親は朝鮮半島の北部に故郷があった。南北に分断後、朝鮮戦争における「興南《フンナム》撤収」と呼ばれた大規模な住民避難で、米軍の艦船に乗って北部から釜山まで避難してきた。

このため、文在寅は釜山出身ではあるが、幼い頃から親に北での暮らしについてよく話を聞かされた。いつしか、「弁護士になり、南北が統一された暁には北で弁護士活動をしたい」という夢を抱くようになる。

そうしたルーツを持つ大統領が率いる進歩派政権なだけに、周りを固める幹部たちも、北朝鮮との親和性が高い。

代表格は、最側近である秘書室長の任鍾晳《イムジョンソク》だ（二〇一九年一月退任）。任は、一九八九年、学生運動組織の議長として、平壌で開催された「世界青年学生祝典」に女子学生の林秀《イムス》卿《ギョン》を送り込んだことで一躍有名となった。当時の韓国において、そうした北朝鮮との交流は厳禁であった。

林は金日成主席の手を握り、北朝鮮の人たちはその勇気に感動した。韓国でも、進歩派は彼女を「統一の花」と呼んだ。

林は板門店を通じて韓国に戻ったところで逮捕された。彼女を送った任も、長い逃亡の末に逮捕され、懲役五年の実刑判決を受けた。のちに赦免され、金大中に引き上げられて政界に入り、国会議員やソウル市の副市長等を務めた。議員時代には、米国から北朝鮮との関わりの深さを問題視されて入国ビザの発行を拒否されるという目に遭った。

今の四〇代以上の韓国人は、誰もが「統一の花」の出来事を覚えている。企図した任は進歩派から喝采を浴びたが、保守派からは単なる犯罪者とみなされた。それだけに、任が大統領の最側近に就くことの是非は世論を二分した。

そうした文在寅や任鍾皙の北朝鮮に対する思いの強さを、日本に向けてどう伝えればいいのか、日本の視聴者が納得するような適切な言葉が見当たるだろうかと思案していたとき、あるインタビュー取材が大きな助けとなった。

北朝鮮への憎悪を同情に「昇華」

「保守派の人たちは、いつまでも朝鮮戦争をめぐって北韓に対する怒りを持ち続けていますよね」と私からマイクを向けられた金弘杰《キムホンゴル》は静かな口調で述べた。

金弘杰は金大中元大統領の三男。現在は「民族和解協力汎国民協議会」の代表を務める。汝矣島にある与党「共に民主党」の本部の中に事務所があり、文在寅政権が「太陽政策」を推し進める上での精神的支柱のような存在だ。

「しかし、私たちは違う捉え方をします。もう少し大局的な観点に立てば、あの戦争は大国によって韓半島（朝鮮半島）が分断されたゆえに起きたのです。なので、私たちは、北韓への怒りを、北の同胞たちに対する同情や思いやりに『昇華』させているのです」。

この一節は、ソウル駐在中に行った多くのインタビューの中でもとりわけ印象に残っている。日本から見ると、とかく韓国の進歩派は北朝鮮に盲従しているように映り、それが侮蔑の響きが混じった「親北」というレッテルにつながっている。

しかし、朝鮮戦争を民族の悲劇ととらえ、北朝鮮の人々に対する憎悪を同情に「昇華」させて融和的な「太陽政策」を続けているのだと考えると、だいぶ腑に落ちた。

確かに、朝鮮戦争という殺戮は、北朝鮮が侵攻して始まったとはいえ、朝鮮民族が自ら進んで選択した歴史とはいえない。米ソ冷戦という時代の中、北緯三八度線という、朝鮮半島の歴史からすれば一度たりとも意味を持たなかった線を境に南北に分断されたことが戦争の根となった。「南南葛藤」に由来する韓国の（対日外交も含めた）不安定さに、もう少し寛容な気持ちを持つべきだと思う。

一方で、金弘杰とのインタビューを振り返りながら、全ての韓国人に「昇華」を求めるというのは、現実的には難しいだろうとも考えた。

問題は、朝鮮戦争だけではない。

大韓航空機爆破事件をはじめとする数々のテロ事件、黄海における二度にわたる海戦等々。そうした北朝鮮の蛮行で犠牲になった遺族らに、「もう北韓を赦せ」と迫るのは、酷だ。押しつけが過ぎれば、むしろ保守派の北朝鮮と進歩派に対する反発が増し、「南南葛藤」は深まるだけだろう。

北朝鮮に「弱腰」という政権批判

先述したように、文在寅政権は、国民との「疎通」を重視する姿勢への高い評価の一方で、閣僚らの人事や経済政策、そして日本や中国との外交では、及第点とは言い難い。支持基盤である進歩派の理念や主張に流され、将棋でいえば悪手が目立った。

だが、政権が発足した当初、青瓦台の高官らと話をすると、南北関係が改善し、北朝鮮による核やミサイルの挑発が収まれば、それは他の政策での多少の粗さをカバーして余りあると踏んでいることが伝わってきた。

さらに、口には出さないものの、北朝鮮と緊張ばかり高めた（と進歩派は考える）過去一〇年間の保守政権を叩き続ける上での切り札になるとも。朴槿恵の弾劾を求める韓国世論が沸騰するや、軍事挑発が止まったことを見ても、北朝鮮が進歩派による政権奪還を期待しているのは明白、という確信から、文政権は、ほどなく北朝鮮は韓国との対話に応じてくると楽観していた。

だが、見通しは外れた。

北朝鮮は、逆に、核・ミサイルの挑発をエスカレートさせ、米トランプ政権と戦争せんばかりの勢いになったのだ。日本列島を飛び越えて太平洋に着水する弾道ミサイルの発射実験を繰り返し、しまいには、「水爆実験」だったとする、非常に揺れの大きな核実験まで実施してみせた。

当初は鷹揚に構え、韓国が朝鮮半島問題の主導権を握っていると胸を張っていた文在寅と青瓦台の幹部たちは、次第に焦燥感を隠せなくなった。米国主導の対北朝鮮制裁強化に同調するほかなくなり、二〇一七年七月には、野党時代にさんざん批判した、米国のミサイル防衛システム「ＴＨＡＡＤ」に関しても、追加配備を決定せざるを得なくなった。

この年、もっぱら米朝間の緊張激化に世界は懸念を強めたが、実は、北朝鮮は韓国をも繰り返し威嚇した。

例えば、八月には、「先軍節（金正日総書記が軍事優先の政治を始めたとされる記念日）」に合わせて、金正恩朝鮮労働党委員長が「島嶼占領のための軍特殊作戦部隊の対象物打撃競技」を指導した。北朝鮮の国営メディアによれば、この競技は、黄海に浮かぶ韓国の「白《ペン》翎《ニョン》島、大延平《デヨンピョン》島を想定した島を一気に占領する方法で実施された」とのことだ。そして、「特殊作戦部隊の将兵らの胸には、南朝鮮を何としても武力で占領し、祖国統一の広場に金正恩同志を高く奉じるという、燃えるような熱意が満ちていた」。一九五〇年のように南侵せんばかりの勇ましさだ。

韓国に照準を合わせたこうした挑発を、文政権はなるべく静観し、大ごとではないように見せようと腐心した。だが、保守派の野党からの「弱腰だ」という政権批判は高まる一方となった。

挑発に慣れている国民でさえ

八月一五日の「光復節」の演説で、文在寅は、「朝鮮半島での軍事行動は大韓民国だけが決定することができ、誰も大韓民国の同意なく軍事行動を決定することはできない」と述べ、国民に安心するよう呼びかけた。

本当に韓国の大統領だけが朝鮮半島での軍事行動を決められるものか、と国防部の当局者に訊ねると、「相手はトランプ政権だからね。いざとなれば止められない」という告白が返ってきた。

考えてみれば、文在寅が演説でわざわざ自分の同意なくして軍事行動なし、と強調しなければならないのは、それだけ、トランプ政権の軍事行動を恐れていたことの裏返しだ。

九月には、米韓が韓国軍のミサイルに関して重量制限を撤廃することで合意した。これは、ミサイルの破壊力を増強することで北朝鮮を牽制しようという意図だ。「北韓との関係改善こそ最大の安全保障」というのが持論の進歩派政権としては、こうした力での封じ込めは、本意ではなかった。これも、意味するところは、「韓国だけで北韓は抑えられるから、核施設の空爆等は自制してくれ」というトランプ政権へのメッセージだ。

しかし、自由韓国党を筆頭に、保守派陣営からは、ミサイル弾頭の増量では不十分で、米軍の戦術核を再び韓国に配備すべきだという声すら高まった。北朝鮮が核開発を止めない以上、南も核を持つほかなかろう、と。

夏を過ぎて秋になっても、相変わらず北朝鮮の弾道ミサイル発射は続き、私を含めたソウル駐在の記者たちはそのたびに振り回された。米軍は原子力空母を朝鮮半島の近海に集結させるなどして圧力を強化した。

一〇月の国連総会では、トランプが金正恩を「ロケットマン」呼ばわりした上で、「このままでは北朝鮮を完全に破壊するしかなくなる」とまで言い切った。これに反発した北朝鮮の李容浩《リヨンホ》外相は、太平洋上で水爆実験を実施する可能性を示唆して威嚇した。

予測不能な二人の国家指導者の言動で、朝鮮半島は、不穏な情勢になりつつあった。

ソウルの日本人社会の中では、駐在員の家族を一時的に日本に帰す動きが広がった。北からの挑発には慣れっこのはずの韓国国民でさえ、米軍の空母が今どこにいるかを気にかけ、「車で釜山に逃げるために予備のガソリンを購入した」、「食料を買いだめしている」といった会話を交わすようになった。

私が金浦空港の入国管理官から「戦争が起きますよ」と唐突に話しかけられたのも、この頃だ。

二〇一八年の平昌冬季オリンピックをめぐり、欧州諸国からは、「大会は安全に開かれるのか」と懸念が示されるようになり、韓国は重苦しい年の瀬を迎えた。

金正恩「新年の辞」のサプライズ

二〇一八年の幕開けとともに、文在寅政権は、北朝鮮の金正恩朝鮮労働党委員長から助け船を出された。

その年の施政方針演説に該当する「新年の辞」で、金正恩は、前年に「国家核戦力完成の歴史的大業を成し遂げた」と誇った。また、「米国本土全域が我々の核打撃射程圏にあり、核ボタンが常に私の事務室の机の上に置かれている」等、相変わらず好戦的な言葉が目を引いた。

ただ、全体的には経済再建に重点が置かれた内容で、金正恩は、「経済部門全般において活性化の突破口を開くべきだ」として、「人民生活の向上」に力を注ぐことを表明した。

そして、サプライズは終盤に来た。二月に開催される平昌冬季オリンピックに関して、こう述べた。

「(大会は)民族の地位を誇示する好ましい契機となるであろうし、我々は大会が成功裏に開催されることを心から願っている。こうした見地から、我々は代表団の派遣を含めて必要な措置を講じる用意があり、そのために北と南の当局が至急会うこともできる」。

実は、それまで、北朝鮮の国営メディアは平昌でオリンピックが開かれることすら伝えていなかった。「国際大会」等とぼかしていたのだ。それが、一転して、大会に参加するという。

ようやく、北朝鮮が対話に出てきた。文政権と進歩派は湧いた。

ここからの展開は、実に急だった。

二月のオリンピックに北朝鮮は選手団と女性応援団を送り込み、アイスホッケー女子では南北の合同チームが結成された。
そして、金正恩の妹である金与正《キムヨジョン》が、開会式を観て、青瓦台で文在寅と会談した。「白頭山血統」と呼ばれる北朝鮮のロイヤルファミリーの一員がやって来ることへの関心は、韓国国内では大会の競技よりはるかに高いほどだった。

この絶好機を逃さず、文在寅は、南北が関係をさらに改善するための対話を重ねるべきだと金与正に強調した。指導部内で特別な地位にある金与正を通じてなら、自らのメッセージが最高指導者の兄にストレートに伝わるという読みがあった。

その読みは当たり、三月、大統領特使団の平壌派遣が実現する。特使団は金正恩と会談し、板門店での南北首脳会談開催を決め、金正恩は、「体制の安全が保証されるなら、核を保有する理由はない」として、米国と対話する用意があると表明した。

特使団はこうした成果をソウルで文在寅に説明したあと、すぐワシントンに飛び、トランプ大統領と会談。その場で、トランプは史上初めてとなる米朝首脳会談に応じると決めた。

ホワイトハウス高官らは「時期尚早だ」と大いに慌てたが、トランプは自らホワイトハウスの記者室に行き、「韓国側が重大な発表をするぞ」と予告して既成事実化させた。実際、ホワイトハウスで韓国の鄭義溶国家安保室長が米朝首脳会談を発表するという奇妙な構図になったが、それは、世界を驚かせた。

「平和、新たな始まり」という劇場

四月、文在寅大統領と金正恩朝鮮労働党委員長の首脳会談が開かれた。

両首脳が会ったのは、板門店の韓国側の施設「平和の家」。朝鮮戦争の休戦協定が結ばれてから北朝鮮の最高指導者が軍事境界線を越えて南側に来たのは初めて。文政権は、この会談に「平和、新たな始まり」というキャッチフレーズをつけた。

ソウル郊外の大型展示場にプレスセンターを開設して世界各国からのメディアを受け入れ、国民にはSNSを通じて、逐一、会談の情報を伝えた。前の保守派政権とは違って「疎通」を重視しているのだと、ここでも存分にアピールしたわけだ。

金正恩がしっかりとした足取りで軍事境界線を越えた瞬間をはじめ、文在寅と金正恩の一挙手一投足にプレスセンターはどよめいた。共同宣言に、年内に朝鮮戦争の終戦を宣言することや、「完全な非核化を通して核のない朝鮮半島を実現するという共通の目標を確認した」と盛り込まれたのは、世界のトップニュースとなった。

それは、韓国進歩派にとっては、ある種の絶頂であった。北朝鮮は敵対国家ではなく、同胞たちであり、圧力ではなく融和こそが最上の安全保障策という進歩派の一貫した主張は正しいと内外に知らしめることに成功したのだ。文在寅は、金正恩と相対すると同時に、あるいはそれ以上に、韓国保守派と相対していた。

板門店での演出を手がけたのは、やはり青瓦台の卓賢民。首脳会談にスローガンをつけ、会談を締めくくる晩餐会のあと、「平和の家」に華やかなプロジェクトマッピングの光を当てたのは、演出家としての本領発揮だった。

そして、六月、シンガポール。

前年までは想像すらできなかったトランプと金正恩の会談が実現し、共同宣言では、トランプが、「北朝鮮に安全の保証を与えることを約束」、金正恩は「朝鮮半島の完全非核化への確固で揺るぎのない約束を再確認」と記された。

会談後の記者会見で、トランプは、非核化に関する協議が続く間は米韓合同軍事演習を見合わせると表明した。

米朝の長年の敵対関係が終結に向かう歴史的な一歩となった。

そうした評価の一方、南北、米朝のそれぞれの共同宣言には、北朝鮮の核兵器や核施設がどこにどれだけあるのか、いつまでに非核を実現させるのか、といった具体性がまるでなく、米韓両国で批判も高まった。

また、金正恩が文在寅やトランプと相対する前に中国の習近平国家主席と会い、中朝の伝統的な友好関係を復元させ、「非核化を進めるには段階ごとに見返りが必要」との共同戦線を張ったために、その後の非核化に向けた具体的な協議は難航することとなる。

しかし、前年に軍事衝突の危機まで恐れられたほどの米朝間の緊張は解消された。文政権は、終戦宣言を経て、朝鮮戦争の休戦協定を恒久的な平和協定へと転換させ、本当の平和を半島にもたらせようと意気込む。

念願の初訪朝

二〇一八年の朝鮮半島における劇的な展開は、韓国での激しい葛藤の渦の中で保守派の朴槿恵が予想外のスキャンダルで失脚し、進歩派が政権を握ったからこそ、実現したといえる。北朝鮮指導部が対外姿勢を大きく変えたのは確かだが、それ以上に、相対する韓国側の受け止め方のほうが大きく変わったのが実情だ。なぜなら、金が「新年の辞」で韓国側に対話を呼びかけたのは、実は、朴政権のときもあったのだ。

二〇一三年の「新年の辞」では、「重要な問題は、北と南の対決状態を解消すること」、二〇一四年には、「百害あって一利なしの誹謗中傷をやめる時になったし、和解と団結を阻害することをこれ以上行ってはならない」、二〇一五年も、「雰囲気、環境が整えば、首脳会談もできない理由はない」等々。それなりに対話への意欲を表明していたわけだ。

しかし、保守派の朴政権とあって、南北関係は動かず、むしろ緊張が高まった。

繰り返しになるが、朝鮮半島情勢は、「南南葛藤」による韓国での政権交代によって一気に動いたのだ。

「戦争の脅威と理念対決が作ってきた特権と腐敗、反人権から抜け出し、わが社会を完全に国民の国へと復元できるようになった。私は、今日、この言葉を申し上げることができ、胸がいっぱいだ」。

これは、文在寅が二〇一八年九月一九日、記者会見で述べたものだ。韓国国内ではなく、平壌で、だ。

北朝鮮に行ってまで、「特権、腐敗、反人権」と露骨に韓国保守派を非難したのには耳を疑った。それは、大韓民国の大統領が、北朝鮮と手を取り合って、韓国の保守派をつぶしたと自賛したことに他ならない。

年に三度目となったこの平壌での南北首脳会談は、文在寅にとって念願の初訪朝であった。会談後の共同宣言では、「米国の相応の措置」という前提条件付きながら、北朝鮮が寧辺《ニョンビョン》の核施設を「永久に廃棄」する用意があると表明された。金正恩もマイクの前で初めて「非核化」に言及してみせた。

保守派叩きの発言は、そうした成果を得たという高揚感から思わず出たのかもしれない。

あるいは、この訪朝に文在寅が保守派野党の代表も同行するよう呼びかけたものの、拒否されたことに対する意趣返しだったのかもしれない。

いずれにせよ、平壌でのこの発言は、南北関係をどうするのかという韓国にとっての大命題も、結局は、社会を深く分断する「南南葛藤」、その葛藤を「革命」という名の下で相手陣営を徹底的につぶすという文脈の中にあることを改めて鮮明に示した。

「我が社会を完全に国民の国へと復元できるようになった」とは、「ロウソク革命」を指す。

葛藤に沈む対日外交

緊張緩和、そして南北・米朝の首脳会談へと一気呵成に動いたことが韓国進歩派の真骨頂だとすれば、日韓関係の「揺り戻し」も、悪い意味で真骨頂だ。

大統領選挙の最中から、日本国内では、文在寅に対して「親北・反日」というレッテルが貼られてしまった。「親日派の清算」といった日本人がギョッとしてしまうような刺激的なフレーズを堂々と打ち出すものだから、仕方がなかった側面はある。

ただ、文在寅本人やそのブレーンたちの発言から「日本何するものぞ」という気負いが混じった「反日」の姿勢は、感じられない。皆、判を押したかのように、「日本とは未来志向の良好な関係を構築したい」と述べるし、その言葉に嘘はなさそうだ。

青瓦台で知日派がほとんど不在なのは懸念材料ではあるが、政権の意思として日本との関係を自ら進んで傷つけようと考えているわけではない。第一、そんなことをしても、最優先課題である北朝鮮との関係改善には悪影響をもたらすだけだ。

ならば、なぜ——。

なぜ、文政権が発足してから日韓関係は軋みだしたのか。

ひとえに、「ロウソク革命」に拘泥して保守派政権の実績を全否定しようとするあまり、収拾がつかなくなってきたのだ。

最たる例は慰安婦問題だ。二〇一五年一二月に朴槿恵政権は日本の安倍政権と「最終的、不可逆的な解決」を謳った合意に達した。これに対し、文在寅は、大統領選挙前から「正しくなかった」「被害者たちの声が反映されていなかった」、と繰り返し批判した。

文在寅と進歩派は、生存する被害者たちの大半が日韓合意を受け入れて日本政府からの資金を受け取ったという事実を無視した。もちろん、被害者の方々やその家族らは、合意を受け入れるべきか、それぞれ自問自答し、苦しい過去に区切りをつけることに迷いもあったであろう。だが、そうした迷いも含めて、それは当事者たちの尊重すべき意思のはずだ。

だが、進歩派としては、朴政権を全否定しようとすると、そうした「都合の悪い真実」も、なかったことにするほかない。勢い、「被害者たちは高齢で十分な判断ができず、朴政権下の外交部から合意を無理矢理受け入れさせられた」というストーリーを流布させてしまった。

それに乗じて、メディアの中には、「家族間で十分に話し合って納得の上で合意を受け入れた」と何度も証言する当事者に対し、「借金苦につけ込まれて外交部から書類に判を押すよう迫られたと言え」と脅迫まがいの「取材」をする社も出る始末だった。

文政権の保守派憎しと、それに忖度するメディアに加えて、法的な賠償以外は解決策として絶対に受け入れないと宣言して日本を糾弾し続ける進歩派の慰安婦関連団体への配慮も加わり、合意の「骨抜き」が始まった。

「反日」ではなく保守派つぶし

文在寅は、二〇一五年の日韓合意がどのように結ばれたのかを検証する「タスクフォース」を立ち上げた。トップは進歩派メディアの代表格であるハンギョレ新聞の元論説委員長。元委員長は東京特派員経験もあり、知日派ではあるが、検証作業をよく知る当事者いわく、「彼は初めこそ客観的な姿勢で外交資料を読み込んでいったが、次第に単なる粗探しに変わった」と証言する。

結局、「タスクフォース」は検証内容をまとめた報告書を発表し、「日韓の間には日本大使館前の少女像などに関する裏合意があった」、「被害者たちからの意見集約が不十分だった」といったレッテルを貼った。注目すべきは、そうした烙印を押しても、報告書の趣旨は日本政府への批判ではなく、あくまで朴政権の糾弾であったことだ。「反日」ではなく、あくまで保守派つぶし。

この結論を受けて、文政権は元慰安婦たちへの支援事業を行う「和解・癒やし財団」の活動停止・解散へと動き出す。

一方で、日本政府に対しては、「合意は破棄しないし、再交渉も求めない」という立場を打ち出した。しかし、やはり苦しい言い分だ。いくら日韓関係を傷つけるつもりではないと主張しても、結果的に合意は履行されなかったのだ。

ちなみに、「タスクフォース」のトップを務めた元論説委員長は、その後、論功行賞として駐大阪総領事に任命された。人事が「帝王」の力の源なのは、保守派も進歩派も変わらない。

慰安婦問題に限らず、歴史をめぐり、文在寅が演説等に日本を刺激するワンフレーズを混ぜて、それに反応して日本の世論が硬化する、という悪循環が繰り返されている。

「こうした立場で歴史問題に臨んでいる」

個人的に巻き込まれたのは、二〇一七年八月、文在寅の大統領就任一〇〇日会見であった。

この会見で、私は日本メディアを代表する形で質問できることになり、徴用工問題について訊ねることにした。というのも、その二日前の光復節（日本の植民地支配から解放された記念日）での演説で、文在寅が、慰安婦問題とともに、徴用工問題に関しても、「解決には（中略）被害者の名誉回復や補償、真実究明と再発防止の約束という国際社会の原則がある。日本の指導者の勇気ある姿勢が必要だ」と述べていたからだ。

徴用工問題に「補償」を絡めたのは、勇み足であった。

というのも、盧武鉉政権が二〇〇五年に日本との歴史問題に関する韓国政府の立場を改めて整理した際、慰安婦問題とは違い、徴用工問題は、一九六五年の日韓国交正常化の際に解決済み、と明確にしたのだ。そして、元徴用工の人たちに補償をするための立法措置まで行った。

その当時、秘書室長等として政権の中枢部にいた文在寅も、一連の過程に深く関わっている。そのことを忘れたはずもない。

会見で、私は過去の経緯を簡単に指摘した上で、韓国政府として徴用工問題に関する立場を変更したのかどうか訊ねた。

それまで穏やかな笑顔を浮かべていた文在寅は、私の質問を聞くと眉間にしわを寄せ、慰安婦問題について、「前政権下での日本との合意は正しくなかった」と、こちらが質問に含めてもいないイシューに触れてみせた。

その上で、肝心の徴用工問題については、「韓日両国間の合意にもかかわらず、強制徴用された個人が当該の日本企業を相手に持つ権利（補償を要求する請求権）は残っているというのが、韓国の大法院（最高裁）の判例だ」と述べた。

さらに、こう付け加えた。

「韓国政府は、こうした立場で歴史問題に臨んでいる」。

この最後のワンフレーズが波紋を呼んだ。

「こうした立場で歴史問題に臨んでいる」という言い回しは、「政府は大法院の判例を承知している」だけとも受け取れるが、「司法に合わせて政府も立場を変えた」と解釈する余地も生んでしまったのだ。

後者だとすると、日韓関係を揺るがすほどの問題につながる。徴用された当事者たちが民間訴訟で勝訴し、日本企業が賠償等に応じない場合、企業が韓国で持つ資産を差し押さえるといった強硬な行動に出ることに、政府がお墨付きを与えたとも解釈されかねないためだ。

会見からの帰り際、韓国人記者から、「しばらくの間、表を歩かない方がいいかもしれませんよ」と冗談混じりに声をかけられた。確かに、韓国のネットでは、質問している私の写真と共に、「文大統領、慰安婦問題に関して日本人記者の歴史認識を正す」という的外れな見出しが躍っていた。韓国でよく使われる「妄言」を私が吐いたかのようなイメージだ。

それからしばらく、表を歩くと、顔見知りの韓国人記者から銀行の窓口担当者まで、「会見での質問、見ましたよ」と口々に冷やかされた。

幸い、「あなたの歴史認識は問題だ」と論争を仕掛けられることはなかった。かといって、徴用工問題をめぐる文政権の立場があやふやで、日韓関係にとって地雷になるかもしれないという、私の質問の趣旨が理解された様子もなかった。

後日、青瓦台の内部事情に通じた人物から、この会見でのやり取りに関して、青瓦台から日本の首相官邸に補足説明がなされたと聞いた。「徴用工問題で政府が立場を変更したわけではない」という内容だったという。

そして日韓関係は壊れた

だが、結局、徴用工問題は日韓関係を土台から揺るがす事態へとつながる。

二〇一八年一〇月三〇日、韓国大法院は、新日鐵住金に対し、元徴用工四人に対する賠償を命じた判決を確定させた。日本政府は「日韓関係の法的基盤が根本から損なわれた」と激怒した。世論も強く反発した。

大法院判決を「文在寅大統領が主導した」という陰謀論めいた糾弾が日本で広まったが、実態はそうではない。就任一〇〇日会見で文在寅が指摘したように、すでに二〇一二年には大法院が日本企業に支払責任があるという判断を示し、高裁が差し戻し審で新日鐵住金に支払いを命じていた。それを再び大法院が審理するのだから、同じ判断を示す可能性が高いと初めから分かりきっていた。

また、大法院の判事一三人のうち、二人は「国交正常化の際の請求権・経済協力協定で解決済みだから企業に支払い責任はない」という日韓両政府と同じ判断を示した。この二人のうち、一人は、文政権が指名した裁判官だ。

こうした事実を踏まえれば、判決は文在寅の指示などではなく、あくまで各裁判官が検討し抜いた結果だと分かる。

三権分立の原則から、文政権としては判決を尊重せざるを得ない。同時に、日韓関係の基礎となっている請求権・経済協力協定を骨抜きにするのも確かなので、板挟みの状態になった。

ただ、そうした板挟み状態に陥るのを避けるために文政権がベストを尽くしたか、というと、それもまた違う。「積弊清算」という名の保守派つぶしに熱中するあまり、大法院の裁判官たちに、「日韓関係に配慮しなくても大丈夫」と思わせてしまった可能性は高い。

具体的に振り返ってみよう。

まず、この訴訟は、高裁での差し戻し審判決が出てから、五年間ほども大法院で審理が進まず、「塩漬け」にされていた。大きな理由は、大法院が重要な事案に関して政府等の意見を聞く制度があり、その制度に則って、朴槿恵政権下の外交部が、日本企業に賠償を命じれば日韓関係に重大な影響が生じるという見解を示したためだ。

文政権に交代したあとも、大法院は、こうした聞き取り制度に基づいて政権側の意見を聞こうとしたが、文政権は一切応じなかったという。なぜなら、朴政権が制度を悪用して大法院に判決を確定させないよう圧力をかけ、大法院は見返りに在外公館でのポスト増加を求めた、という疑いが浮上したためだ。

文政権は疑惑の徹底解明を求め、検察が外交部に対する家宅捜索に踏み切り、大法院当局者を逮捕するという異例の展開になった。

そうなるや否や、大法院は唐突に「塩漬け」を解いて新日鐵住金に対する判決を言い渡すと発表した。原告弁護団も驚くほどの性急さだった。裁判官たちが、スキャンダルの火の粉が降りかかってきそうだと察知し、早く判決を出さねばならないと焦ったのは容易に想像がつく。

さらに、文政権が大法院からの意見聞き取りに応じない（それどころか聞き取りの制度を問題視した）上、日本との歴史認識をめぐる大統領の発言や、慰安婦問題での日本合意を骨抜きにしようとする姿勢も、裁判官たちは見せつけられてきた。

「この政権下では、日本との外交関係は軽んじる方が身の安全だ」と多くの裁判官が判断し、日韓の国交正常化の基礎を破壊するような判決を出す方向へと流れた可能性が否定できないのだ。

忖度、といえば分かりやすいかもしれない。ただ、しまいには大法院の前院長まで逮捕される有様に至ったので、日本の官僚の忖度などより、裁判官たちにとってはずっと切迫した問題だ。

文政権が「反日」というわけではないのだ。ただひとえに、革命を目指すが如く、保守派政権の実績に対する全否定の渦の中に日本への外交面での配慮は飲み込まれて消え、両国の関係は取り返しのつかないほど壊れてしまっている。

徴用工訴訟の大法院判決のあと、韓国海軍による海上自衛隊哨戒機に対するレーダー照射疑惑、国会議長による「天皇への謝罪要求」発言等、たがが外れたように問題が噴出した。

新たな帝王の陰り

文在寅と進歩派は、政権を奪取して保守派に対する大攻勢をかけ、南北首脳会談から米朝首脳会談への流れをつくった。

ソウルの街を歩けば「君のための行進曲」を耳にすることが格段に増えた。李明博と朴槿恵をはじめ、両保守派政権の中枢にいた多くの高官たちが拘置所に送られた（李は二〇一九年三月に保釈）。

国家情報院や国防部の力は削がれ、あらゆる政府機関に「積弊清算プロジェクトチーム」が設置され、自己批判をさせられている。そして、両陣営が最も対立する北朝鮮との向き合い方では、依然、融和ムードが優勢だ。

しかし、進歩派にとっての「わが世の春」は、あまり長続きしそうにない。

いくら「ロウソク革命」を謳っても、革命といえるような国家の大変革は、起きていない。とくに、「帝王的大統領」の弊害を減らすための憲法改正の議論は、遅々として進んでいない。

そうしたことも手伝い、文大統領は任期の折り返し地点に到達する前からレイムダック化の兆候が現れている。

三回目の南北首脳会談の直前まで、文在寅の支持率は急降下し、青瓦台を慌てさせた。支持低下の最大の理由は、「Jノミクス」が期待を裏切り、若者の就職難がむしろ悪化していることだ。

公共部門での八一万人を正規職にするのは財源の裏付けが乏しいことが見透かされた。最低賃金の急激な引き上げも、その負担に耐えられない中小企業や自営業者の人減らしという副作用が先に出てしまった。

政権にとっては、北朝鮮をめぐる国民との温度差も頭が痛い。

一例が、平昌冬季オリンピックにおいて、南北の両政府がアイスホッケー女子で南北合同チームを結成すると決めたことだ。二〇代から三〇代の若い層から強烈な反発が出て、青瓦台を慌てさせた。

若者たちは、「北韓の選手だというだけでオリンピックに出場でき、その分、血の滲むような努力をしていた韓国の選手が出場できなくなる」という構図が、朴槿恵と親しいという理由だけで名門大学に入学できた崔順実の娘のケースと同じだとみなしたのだ。「帝王」との近さだけで恩恵を受けられるのは、政権が交代しても同じか、という慨嘆。

文在寅らのような北朝鮮への思い入れは、若い世代では希薄なため、おのずと、「自分たちの就職難は放置して北韓への支援にしか関心がない」という不満につながった。

それでもなお、政権としては北朝鮮の非核化が進めば、国際的な制裁が解除され、南から北への経済支援の扉が開かれて、それは韓国経済のカンフル剤にもなる、と訴えて理解を求めてきた。

ところが、そうした懸命な訴えまでも、怪しくなってしまった。

二〇一九年二月末、ベトナムの首都ハノイで米トランプ大統領と北朝鮮の金正恩朝鮮労働党委員長が二度目となる首脳会談を開いた。

そして、まさかの物別れに終わった。

日韓の複数の当局者によれば、トランプ政権は日韓両国に「北朝鮮の態度によっては何も合意せず、大統領が席を立つ可能性はある」と事前に説明していた。それは日本政府の中枢では共有されたが、韓国では、誰も文在寅に報告できなかったという。「帝王」にとって耳障りだからだ。

ハノイでの決裂の翌日は、奇しくも三月一日、「三・一独立運動」の一〇〇周年であった。

「南南葛藤」が鎮まるとき

文在寅は、米朝決裂に衝撃を受けた。そして、大慌てで「三・一」記念式典での演説原稿を書き直した。当初は、米朝間で朝鮮戦争の終戦宣言等に関して合意に達するであろうとの見込みに基づいて、朝鮮半島の新時代を高らかに宣言する内容だったという。結局、書き直した演説では、米朝の両首脳が多くを語り合ったのは成果、といかにも苦し紛れの高評価を盛り込むのが精一杯だった。

韓国保守派のジャンヌ・ダルクとも言われた朴槿恵は、「非正常の正常化」をスローガンに掲げた。それは「軍事革命」を掲げた父の思想から見た「正常化」に過ぎず、ひたすら進歩派を敵視したことで、民心は離反した。

文在寅が掲げる「ロウソク革命」も、進歩派の視点からの「非正常の正常化」に他ならない。大統領に就任した直後、文は盧武鉉大統領の追悼式で、こう述べている。

「あなた（盧）の挫折のあと、我々の社会、特に我々の政治は、よりいっそう非正常に向かって逆に流れた。正常のための努力が特別なことに映るほど、我々の社会は、長い間、深刻なほど非正常だった」。

文在寅は、そうした「非正常」とみなす過去への強烈な憤りを胸に、残る任期の間も、ひたすら「ロウソク革命」を謳い、「積弊清算」の名の下で保守派を追いつめることに終始するのであろうか。

そうなら、あまりに切ない。

朝鮮戦争やその後の北朝鮮によるテロ攻撃を、進歩派は同じ民族への同情と思いやりへと昇華させている。そろそろ、過去の保守政権の強権と民主化弾圧も、南北分断がもたらした悲劇とみなして和解へと昇華させてはどうか、と強く思う。

もちろん、野党に転落した保守派も、文政権のやることなすことを全て否定するのでなく、過去の過ちは潔く認め、歩み寄ってほしい。

保守派と進歩派の双方が、韓国を自分たちの理念だけで塗りつぶそうとする革命の夢を捨て、「南南葛藤」が鎮まるとき、新たな韓国が現れるであろう。

その新たな韓国は、間違いなく、北朝鮮の非核化、日本との関係修復、そして東アジアの安定に大きな役割を果たす。

実は、文在寅の「三・一」式典の演説の中で、奇妙ながらも希望の萌芽と解せなくもない一節があった。

文在寅は、共産主義者に対する蔑称の「パルゲンイ」は、韓国を併合した大日本帝国が使い始めた言葉だと主張。そして、「左右の敵対、理念の烙印は、日帝が民族を引き裂くために使った手段だった」と述べた。その上で、「パルゲンイ」とは、「我々が一日も早く清算すべき代表的な親日残滓だ」と声を張り上げたのだ。

この発言は、野党やメディアから大いに叩かれた。「パルゲンイ」とは日本が昏い意図を持って朝鮮半島に持ち込んだ言葉だとする根拠の乏しさに加え、意義深い歴史の節目の式典で大統領が「パルゲンイ」と口にすること自体、あまりにふさわしくないと。結局は、また保守派を叩いただけだ、との声も出た。

そうした批判は的を射ている。

ただ、希望的な観測も込めれば、韓国社会を深く分断する「南南葛藤」を象徴する「パルゲンイ」という言葉のルーツを日本に押しつけてしまうことで、「このような分断は我が民族のすることではない。そろそろ目を覚まそう」と保守派と進歩派の両陣営に語りかけたかったのではないか。

韓国の分断を日本に責任転嫁するような発想は、日本人からすれば面白くはない。だが、もし、文在寅が日本に支配された過去を利用して、曲がりなりにも現代の葛藤を鎮める一歩を踏み出したのだとするなら、どうだろうか。目くじらを立てずに見守りたい。

希望的な観測が過ぎるのかもしれない。だが、そうであってほしい。

【著者】
池畑修平（いけはた しゅうへい）
1969年大阪府生まれ。92年東京外国語大学を卒業後、NHK入局。高松放送局、ジュネーブ支局長、中国総局（北京）、ソウル支局長、報道局国際部副部長などを経て、現在はBS1「国際報道2019」キャスターを務める。本書が初の著書となる。

平凡社新書917

韓国 内なる分断
葛藤する政治、疲弊する国民

発行日——2019年7月12日　初版第1刷

著者——池畑修平
発行者——下中美都
発行所——株式会社平凡社
東京都千代田区神田神保町3-29　〒101-0051
電話　東京（03）3230-6580［編集］
東京（03）3230-6573［営業］
振替　00180-0-29639
印刷・製本—図書印刷株式会社
装幀——菊地信義

ISBN978-4-582-85917-1
NDC分類番号312.21　新書判（17.2cm）　総ページ264
平凡社ホームページ　https://www.heibonsha.co.jp/